André Bégert

Glaube & Schönheit

*Erzählungen über den größten
Diebstahl aller Zeiten*

fontis

Bibliografische Information der Deutschen Nationalbibliothek
Die Deutsche Nationalbibliothek verzeichnet diese Publikation in der Deutschen Nationalbibliografie; detaillierte bibliografische Daten sind im Internet über www.dnb.de abrufbar.

Um die Rechte einzelner Personen zu schützen,
wurden einige Namen im Buch geändert.

Die Bibelstellen sind folgenden Bibelausgaben entnommen:
Luther 21, «Hoffnung für alle» und Elberfelder Bibel.

© 2018 by Fontis-Verlag Basel

Umschlag: Gabriel Walther Media & Design, Berlin
Foto Umschlag: Andrew Yakovlev
Satz: InnoSet AG, Justin Messmer, Basel
Druck: Finidr
Gedruckt in der Tschechischen Republik

ISBN 978-3-03848-157-7

Inhalt

Prolog	7
Hollywood	10
Spieglein, Spieglein an der Wand	20
Stadt der Engel	26
Glamour	35
Das Kind im Brunnen	45
Finsternis	49
Irrlichter	60
Fake News	72
Die Schönheit des Unsichtbaren	78
Von der Kunst, das Übermächtige zu bezwingen	90
Warum die kleinen Dinge wichtig sind	104
Mont-Saint-Michel	114
Lebenszeichen	120
Bildersturm	127
Wahre Identität	139
Die zwei Bäume	145
Der Nächste, bitte!	149
Jessie	154
Epilog	160

Prolog

«Die beiden wichtigsten Tage deines Lebens sind der Tag, an dem du geboren wurdest, und der Tag, an dem du herausfindest, warum.»
– Mark Twain

Was braucht es, um ein Buch über den Glauben oder die Schönheit zu schreiben? Ich habe weder Kunst noch Theologie studiert, noch saß ich jemals in einem Kurs für Ästhetik, Grafik oder Philosophie. Doch Glaube und Schönheit sind für mich schon von Kindesbeinen an eine große Inspirationsquelle gewesen. Als Kind habe ich oft die Mathematikstunde geschwänzt, um unter einer riesigen Buche im Wald ein Buch zu lesen. In meinen ersten Sommerferien, kurz nachdem wir das ABC gelernt hatten, verschlang ich alle verfügbaren Werke von Jack London und habe seither nicht mehr mit Lesen aufgehört. Noch während meiner Schuljahre las ich Cervantes, Poe, Flaubert, Hugo, Wilde, Dostojewski, Freud, Frisch und Hemingway.

Per Zufall bin ich irgendwann im Verlagswesen gelandet. Man könnte sagen, ich sei ein Buchmensch. Doch viel Wissen, viele Geschichten, Erzählungen und Sachthemen sind irgendwie nicht an mir haften geblieben, denn sie haben nichts mit meiner Geschichte zu tun. Ob Drama, Epik oder Lyrik: Ein rein intellektueller Anspruch ist mir zu wenig. Ich finde schöne Kunst und schönen Glauben am erquickendsten und berührendsten; werden Glaube und Schönheit hingegen erklärungsbedürftig, drehe ich mich um und gehe weiter.

Heute lege ich Bücher lieber zur Seite, wenn sie mich nicht zum Staunen bringen. Der Fluch des fachlichen Bewertens und Beurteilens ist mir zur lästigen Notwendigkeit geworden. Am liebsten würde ich nur noch betrachten oder lauschen, was ein Buch, ein Bild, ein Kunstwerk oder ein Gespräch in mir bewirken.

Auch jenseits von Eden lockt der Baum der Erkenntnis, und immer noch halte ich mich zu oft unter ihm auf, beobachte zu wenig und urteile zu viel, lege mich mit Leuten an, die eine andere, eine bessere oder eine schlechtere Meinung haben. Mein Urteil ist nicht immer schön. Glaube und Schönheit haben aber mit dem Baum der Erkenntnis wenig zu tun, und in seinem Schatten wächst nichts, was für mein Leben von Bedeutung wäre.

Ich spähe täglich hinüber zum Baum des Lebens, der nicht meinen Intellekt oder mein Ego nährt, sondern mein Herz. An mir liegt es, mich lieber an *seinen* Früchten zu laben. Seine Wurzeln reichen hinab zu einer Quelle, die niemals versiegt. Stehe ich beim Baum des Lebens und lebe aus dem Herzen, finde ich meine wahre Identität. Dann darf ich alles, was das

Leben an mich heranträgt, beobachten. Und wenn etwas nicht zu mir spricht, darf ich es loslassen und muss es nicht benennen. Dennoch finde ich mich jeden Tag unter dem Baum der Erkenntnis wieder und frage mich, ob es ein gutes Heute werden wird und warum die Mühen des Tages bereits ihre Schatten bis in mein Bett werfen.

Mein Leben kommt mir oft vor wie ein Spielfilm in einer Sprache, die ich nicht verstehe. Er ist zwar untertitelt, und ich wechsle im Geist ständig vom Text zum Bild, zum Ton und zur Musik, aber das macht es mir unmöglich, mich ganz auf die Handlung zu konzentrieren. Und da der Film eben gerade von meinem eigenen Leben handelt, will ich keine wichtige Sequenz verpassen und fange an, zu interpretieren, was gerade vor sich geht: «Was will der Autor eigentlich damit sagen? Und wer ist der Autor meines Lebens überhaupt?»

Die Handlung meines Lebens findet zwischen den beiden Bäumen statt: dem Baum der Erkenntnis und dem Baum des Lebens. Ich ertappe mich des Öfteren dabei, wie ich ein Seil von einem Baumstamm zum anderen spanne und wie ein Lebenskünstler versuche, zwischen beiden Bäumen hin und her zu tänzeln. Aber diese Akrobatik ist vergebliche Kunst und kann nur sehr schwach die Unmöglichkeit verdecken, bei beiden Bäumen gleichzeitig zu sein.

Hollywood

Montag, 7. Mai 2018. Das Konzert der irischen Popgruppe U2 im SAP-Center in San Jose war zu Ende. Wo zuvor eine großartige Lightshow mit Tausenden von LED-Lampen die Konzerthalle beleuchtete, strahlte nun die Hallenbeleuchtung trostlos auf die Zuschauer hinab, die sich von ihren Plätzen erhoben und hinausströmten in die Nacht.

Jessie summte seinen Lieblingssong «Staring at the Sun», während er mit all den andern die Tribünentreppen hinunterstieg. Am Ausgang wurde er angerempelt und verlor beinahe das Gleichgewicht. Zuerst dachte er, jemand hätte ihn erkannt, aber so war es nicht.

Er zog seine Baseballmütze noch tiefer ins Gesicht und ließ sich dann mit der Menschenmenge hinaustreiben auf den riesigen Parkplatz, wo ihn sein goldener Pontiac Catalina Station Wagon erwartete. Eigentlich war es ein Irrsinn, den ganzen Weg von L.A. hochzufahren nur für dieses eine Konzert, aber U2 waren nun mal seine Lieblingsband. In wenigen Stunden würde er wieder in Los Angeles sein, wo das große Finale wartete.

Auf dem Parkplatz beobachtete er einige Arbeiter, die damit beschäftigt waren, auf einem gigantischen Stahlgerüst ein neues Filmposter aufzukleben. Einige Buchstaben fehlten noch, aber Jessie kannte den Film sowieso bereits. In riesigen

Lettern stand da: «A Netflix Original Series, coming up this fr…. Hollywood J….»

Auf dem Rücksitz seines Wagens lag seine braune Ledersporttasche mit seinen Habseligkeiten, denn die Zeit war zu knapp, um zum Schlafen nach Hause zu fahren. Also würde er versuchen, im Wagen ein paar Stunden Schlaf zu kriegen.

Beim ersten Drehen des Zündschlüssels sprang der V8-Motor ohne Murren an und blubberte vor sich hin. Nach kurzem Rauschen meldeten sich aus den Lautsprechern U2: «You're not the only one, staring at the sun …»

Am nächsten Morgen waren die Autoscheiben seines Wagens beschlagen vom Morgennebel, der über der Küste schwebte wie eine weiße Bettdecke, die jemand nachts vom Meer her über die Stadt der Engel gezogen hatte.

Jessie schlief zusammengerollt auf der Ladefläche seines Pontiac-Kombis. Sein Kopf ruhte auf seiner Ledertasche, und sein Körper war zur Hälfte bedeckt mit einer grünen Army-Jacke, unter der sein Gesicht verborgen war.

Im Innenraum des Autos roch es ein wenig nach Benzin. Jessie war die ganze Nacht von San Jose durchgefahren. Auf halbem Weg musste er irgendwo in der Nähe einer kleinen Stadt namens El Paso de Robles tanken. Beim Herausziehen des Zapfhahns ergoss sich ein kleiner Schwall Benzin über seinen Unterarm und bildete sofort einen großen dunklen Fleck auf seinem Ärmel. Er machte einen Sprung rückwärts und verbrannte sich dabei seine Lippen am heißen Kaffee, den ihm ein mürrischer Tankwart zuvor in einen Styroporbecher gefüllt hatte.

Mit einem Schlag war er hellwach. Er stieg ein und steuerte seinen Wagen über die staubige Tankstelleneinfahrt zurück auf den Highway. Der Pontiac schnurrte wie eine vollgefressene Katze. Jessie nahm eine bedruckte Seite Papier aus einem Stapel und murmelte leise die Worte, die auf den untersten zwei Linien standen: «Vater, nimm diesen Becher weg von mir, doch nicht, was ich will, sondern was *Du* willst, soll geschehen.» Dann schob er die Seite zurück in den Stapel.

Als die Sonne aufging, rollten die Weißwandreifen seines riesigen Kombis über den Santa Monica Boulevard. Es war Dienstagmorgen, noch sehr, sehr früh. Jessie lenkte seinen Wagen hinunter auf das Deck des Santa Monica Piers und zog einen Parkschein. Er musste noch ein paar Stunden schlafen, bevor der letzte große Tag begann. Er stieg aus und öffnete den riesigen Kofferraum, rollte sich hinein und zog von innen die Hecktür zu. Dann griff er nach der Tasche auf dem Sitz vor ihm und legte seinen Kopf darauf. Er zog die Jacke über sich und schlief sofort ein.

Aus dem Tiefschlaf weckte ihn ein Pochen und Klopfen auf das Dach seines Wagens. Die Parkplätze links und rechts von ihm hatten sich gefüllt, und auf dem Pier bildete sich eine große Menge.

Jessie rieb sich die Augen. Draußen rief ein Mann lautstark: «Da bist du ja, Jessie, komm schon raus, heute ist dein letzter

Tag! Action, Jessie, Action!» Er stieg aus und schlug die Heckklappe seines Kombis zu. Durch die Ritzen der Holzplanken des Santa Monica Piers schimmerte das Meer. Eine der Möwen, die über ihm kreisten, setzte zur Landung auf dem schmalen Geländer an.

Der Himmel war strahlend blau, und ein frischer Wind trug den Duft von Meersalz, Muscheln und Seetang hinauf auf den Pier. Rostige Nägel ragten in Reih und Glied aus dem Holz wie eine Garnison römischer Soldaten in Marschformation. Aus den Gondeln des weißen Riesenrades, das sich gemächlich im Wind drehte, erklang das Lachen von Kindern. Einige Meilen im Hintergrund zierten weiße Buchstaben einen kargen Hügelzug: Hollywood.

Jessie bahnte sich einen Weg durch die Menge. Alle wollten heute dabei sein, hatten seine Wundertaten am Fernsehen mitverfolgt, und die Social-Media-Kanäle waren voll mit Berichten über ihn.

Der Showdown begann! Tausende waren zum Pier gekommen, um mit eigenen Augen zu sehen, wie er Kranke heilen, Blinde sehend und Taube hörend machen würde – und wie er den Menschen ihre Sünden vergab. Andere waren da, weil sie das angekündigte Spektakel aus erster Hand beobachten und beurteilen wollten.

Eine kleine Frau mit verkrümmter Wirbelsäule und in alte Lumpen gekleidet folgt ihm durch die Menschenmasse und berührt seinen Trenchcoat. Umgehend wird sie von der Kraft, die von ihm ausgeht, ergriffen und richtet sich auf der Stelle kerzengerade auf. Sie hebt die Hände gegen den Himmel und beginnt, Gott in einer fremden Sprache zu loben. Sie tanzt aufrecht vor den Menschen, die verwundert stehen bleiben, und klatscht mit ihren Händen über dem Kopf. Ihre Lumpen verwandeln sich in ein edles, mit Goldfäden durchwobenes Kleid und glitzern in der Sonne. Ihre wegen der Schmerzen zerfurchten Gesichtszüge verschwinden, und Freude strahlt aus ihren funkelnden Augen. Sie stimmt ein Kirchenlied an, und einige der Umstehenden summen mit: «Du gibst mir Schönheit statt Asche.»

Die Leute scheinen zu Tränen gerührt. Jessie dreht sich um und läuft weiter. Ein Kind, in weißes Leinen gewickelt, wird ihm vor die Füße gelegt, offensichtlich ist es gestorben. Wehklagen schwingt durch die Luft, Frauen schluchzen. «Hört auf zu weinen», sagt er sanft. «Das Kind ist nicht tot, es schläft nur.»

Einige Männer lachen, während Jessie niederkniet, das Mädchen bei der Hand fasst und ruft: «Kind, steh auf!» Das Mädchen erhebt sich, springt zur Mutter und umarmt sie. Ein Raunen geht durch die Menge. Das Wehklagen schlägt um in Freudengeschrei.

Jessie schaut hinauf zum blauen Himmel und blinzelt in die Sonne. Vom Helikopter aus filmt ein Team die Szene aus der Luft. Die Umstehenden strecken ihre Smartphones aus und posten ihre Aufnahmen mit Kommentaren in die Datenwolken, damit geschehe, was geschrieben steht: «Seht, er wird auf den Wolken kommen. Alle Menschen werden ihn sehen, auch die, die ihn ans Kreuz geschlagen haben.»

Ein kleinwüchsiger rundlicher Mann, der in Los Angeles diverse Night-Clubs und auf dem Santa Monica Pier ein Restaurant besitzt, will Jessie um jeden Preis sehen, doch niemand macht ihm Platz. Wer ihn kennt, weiß, dass er sich seinen Reichtum ergaunert und erschwindelt hat. Er klettert vor seinem Etablissement auf einen Abfallkorb, der an einer Laterne befestigt ist, um einen Blick auf Jessie zu erhaschen. Als dieser an ihm vorübergeht, spricht er ihn an: «Steig von der Laterne, Zaccini, ich werde heute bei dir einkehren.»

Einige, die an ihrer Kleidung als eine religiöse Gemeinschaft erkennbar sind, murmeln erzürnt. Jessie aber lässt sich nicht beirren und setzt sich mit Zaccini an einen freien Tisch auf der Veranda. Die Kellner bringen umgehend einen Korb Brot und verneigen sich.

Die Menge vor dem Restaurant tobt, einige Reporter schimpfen: «Wir sind doch nicht gekommen, um ihm beim Essen zuzusehen!» Zaccini jedoch tanzt vor Freude um den Tisch und ruft: «Lieber Jessie, ich werde die Hälfte meines Vermögens an die Armen in der Stadt verteilen, und wem ich zu Unrecht Geld abgeknöpft habe, dem gebe ich es vielfach zurück.»

Jessie umfasst seine Hand und zieht ihn auf den Nachbarstuhl. Er nimmt ein Brot aus dem Strohkorb und bricht es in zwei Teile. «Wie viele davon habt ihr noch?», fragt er einen Kellner. «Wir haben nur noch wenige Brote, denn die Bäckerei konnte heute wegen dem Getümmel auf dem Pier nicht liefern», antwortet dieser. Da fordert Jessie die Menschen mit einer Geste auf, still zu sein. Er erhebt sich, spricht ein Dankgebet und teilt die Brote an die Kellner aus, die diese weiterverteilen.

Kurze Zeit später stehen Tausende kauend auf den Planken des Santa Monica Piers. Nur das Summen einiger Drohnenkameras ist zu hören. Das Riesenrad hat aufgehört, sich zu drehen, und das Lachen der Kinder ist verstummt. «Er hat das Brot vermehrt, ein weiteres Wunder», flüstert eine Reporterin in ihr Mikrofon, während sie sich eine Haarsträhne aus dem Gesicht wischt und mit einem Taschentuch eine Träne aus dem Auge tupft.

Jessie wendet sich an Zaccini: «Heute hat Gott dir und allen, die mit dir leben, Rettung gebracht. Ich bin gekommen, um Verlorene zu suchen und zu retten: Heute habe ich *dich* gefunden.»

Er tritt von der Veranda und geht durch die Gasse, die von den Menschen vor ihm gebildet wird. Er weiß, es ist sein letzter Gang, denn draußen auf dem Pier wartet John Anghrist, der bekannte TV-Evangelist, auf ihn. Er hatte Jessie in seinen Fernsehsendungen angegriffen und ihm vorgeworfen, seine Wundertaten seien Magie und Hexerei, er würde die Menschen verzaubern und sie nicht ins Reich Gottes, sondern direkt in die Hölle führen.

Ganz draußen, auf der Spitze des Piers, soll es zum Showdown kommen.

Einige von Anghrists Anhängern drohen, Jessie über das Geländer des Piers ins Meer zu werfen, damit die ganze Welt sieht, ob er wirklich übers Wasser gehen kann. John Anghrist selbst hatte Jessie in einer Fernsehsendung zu einem öffentlichen

Schlagabtausch aufgefordert: «Er wird nicht den Mut haben, sich öffentlich mit einem wahren Diener Gottes anzulegen. Ich werde am Ende des Santa Monica Piers auf ihn warten, und er wird es bereuen, sich als Werkzeug Gottes ausgegeben zu haben. Sein ausschweifender Lebensstil und sein Gefolge aus Huren, Zuhältern und Filmstars wird sehen, wem sie in Tat und Wahrheit nachgefolgt sind. Dieser Nichtsnutz bildet sich ein, er könne den Menschen ihre Sünden vergeben, aber das ist Gotteslästerung. Nur Gott allein kann Sünden vergeben.»

Die Sonne hat ihren Höchststand erreicht und glüht erbarmungslos am Himmel. Der Wind hat gekehrt und weht nun die heißen Santa-Ana-Winde, auch Teufelswinde genannt, aus dem Landesinnern über die Bucht hinweg. Das Thermometer steht bei über 30 Grad, und das im Mai. Ein weißes Segelboot vor der Küste kämpft im Pazifik mit den heftigen Böen und versucht vergeblich, die Segel einzuholen und den Bordmotor anzuwerfen. Ungewollt nimmt es Kurs auf die Küste. Das Segel hat sich wie ein Leichentuch um den Mastbaum und den großen Querbalken gewickelt und sieht aus, als wäre an Bord ein riesiges weißes Kreuz errichtet worden.

Jessie geht an einer Frau vorbei, die gerade einen Schluck aus einer PET-Flasche nimmt, und spricht zu ihr: «Wenn du von meinem Wasser trinkst, wirst du nie mehr durstig sein …»

Der Tumult wird lauter, denn die Frau ist Samantha Stone, eine ehemalige Pornodarstellerin, die sich den Gouverneur von Kalifornien geangelt hatte. Die Hochzeit war ein riesiges Medienspektakel gewesen.

Während Jessie das Ende des Piers anvisiert, beginnt der Mob an seinen Kleidern zu zerren und laut zu rufen: «Weg mit dir, weg mit dir!»

Die Gesichtszüge von John Anghrist gehen in ein Dauergrinsen über, als er sieht, dass seine Anhänger auf Jessie einschlagen und jemand mit einer Pistole gestikulierend schreit: «Ich töte dich, du Bastard, du elender Gotteslästerer!»

Panik, ein Schuss – und Jessie sinkt leblos zu Boden.

Einige Schläger packen den leblosen Körper und schleppen ihn zum Rand des Piers, wo sie ihn johlend über die weiße Reling hieven. Unbemerkt von der Menge ist das manövrierunfähige Boot unter den Pier getrieben worden und schwankt nun, zwischen den riesigen Pollern verhakt, hin und her.

Jessie fällt direkt auf das Mastkreuz. Seine Arme verfangen sich an den Beschlägen, die aus dem Holz des Querbaums herausragen. Durch den Aufprall löst sich das verwickelte Segel, und eine Windböe treibt das Boot weg vom Steg. Die Menschen, die sich am Pier tummeln, sehen, wie Jessie – am Kreuz des Mastbaums hängend – auf die offene See zutreibt. Der Namenszug in dunklen Lettern ist nun gut auf dem Bug des Bootes zu lesen: «Golgatha».

John Anghrist und seine Häscher schauen mit Genugtuung aufs Meer hinaus. Die Menge schreit, die Helikopter kreisen, die Leute zücken ihre Handys, um die unglaublich beeindruckende Szene aufzunehmen. Die ersten Hashtags folgen auf den Social-Media-Plattformen:

#lastdayofshooting und #lastsceneofJessie.

Dann nimmt jemand ein Megafon hervor, hält es vors Gesicht und schreit hinein: «Cut!» Die Kameras werden abgestellt, die Helikopter drehen weg. Die Statisten auf dem Pier knöpfen sich ihre Filmkostüme auf und stehen schwitzend in der Sonne. Jemand verteilt Wasserflaschen.

Jessie ist bereits vom Mastbaum abgeseilt worden und steht auf den Planken des Bootes. Er nimmt eine Flasche Cola aus einer Kühlbox und lächelt. Ridley Scott steht von seinem Regisseur-Stuhl auf und spricht erneut ins Megafon: «Great job, guys! Das war der letzte Take, der Film ist im Kasten.»

Beim Aufstehen hat sich die Rückenbanderole des mit Stoff bespannten Regisseur-Stuhls gelöst und hängt jetzt schräg herunter. Darauf steht: Hollywood Jesus!

Spieglein, Spieglein an der Wand

«Manchmal treffen wir die falsche Entscheidung – und landen im richtigen Ergebnis.»
– Marguerite Duras, «Der Liebhaber»

Die Fähigkeit zur Unterscheidung von Realität und Fantasie entwickelt sich beim Menschen schon in den ersten Lebensjahren. Im Alter von etwa zwei Jahren können Kinder bereits den Unterschied erkennen und finden es lustig, auf einem Besen zu reiten, so wie auf einem Pferd, oder die Ellbogen auf und ab zu bewegen und so zu tun, als würden sie fliegen.

Vierjährige können die Fantasiewelten in Comic-Büchern bereits ganz klar auseinanderhalten und kennen den Unterschied zwischen Realität und Fiktion. Schwieriger wird es allerdings, wenn fiktive Erzählungen mit dem persönlichen Leben verknüpft sind, wenn es zum Beispiel um den Weihnachtsmann geht oder um den Klapperstorch, der das kleine Brüderchen ins Bett legt nebenan.

Mit anderen Worten: Die intuitive Trennung von Fantasie und Realität muss trainiert werden, sie ist als solche nicht angeboren.

In der schönen neuen digitalen Medienwelt soll uns gerade diese Fähigkeit wieder abgewöhnt werden, indem diese Grenzen mit aller List wieder verwischt werden. Neue Begriffe tauchen auf wie «Realtainment» und «Scripted-Reality», in denen die Grenze von Fiktion und Realität verschwindet, wenn Laienschauspieler erfundene Geschichten mimen und so tun, als wären sie echt.

Die neuen Sendeformate, auch die für Erwachsene, zielen auf das geistige Niveau eines Kindes im Vorschulalter, Fantasie und Fiktion werden austauschbar, die Inhalte sind einfach gestrickt und meistens ziemlich hässlich. Im Grunde geht es jedes Mal darum, dass die Zuschauer untalentierten Laiendarstellern dabei zuschauen, wie ihr Leben den Bach runtergeht. Der Höhepunkt ist, wenn sich alle anschreien und die Quote stimmt. Denn es geht immer um die Zuschauerquote. Ist sie gestiegen, knallen bei den Produzenten der Sendung die Korken; sinkt sie, bricht bei allen Panik aus.

Trash-TV feiert weltweit riesige Erfolge, und mittlerweile weiß man auch mehr über die sozialen Auswirkungen in der Gesellschaft: Studien ergaben, dass nur noch knapp 20 Prozent der Zuschauer Scripted-Reality-Sendungen als fiktiv erkennen. Über die Hälfte meint, es würden *echte Fälle* nachgespielt, und 30 Prozent glaubten, es würden hier die tatsächlichen Erlebnisse der gezeigten Menschen dokumentiert. Ich habe das übrigens auch lange Zeit gedacht, bis mir vor Jahren Professor Langteaux von der L.A. Filmschool die Wahrheit über Reality-TV erzählte. Je echter das Ganze aussieht, desto fingierter ist die Geschichte.

Was steckt eigentlich hinter der Definition von Fiktion und Realität? Ist etwa auch unser Glaube nur fiktiv, oder hat er seine

Wurzeln in der Realität? Wenn man echte Schönheit nur in der Wirklichkeit findet, warum suchen wir sie dann in Romanen, Filmen und Gedichten? Warum malen wir uns überhaupt so gerne Welten aus, die es in Wahrheit so gar nicht gibt, und schwelgen dann in ihnen? Sind die Geschichten in den Evangelien Realität oder Fiktion? War Jesus nur ein guter Darsteller in einer bestimmten Rolle, oder war er Gottes Sohn? Hat er tatsächlich Kranke geheilt und Blinde sehend gemacht und wurde schließlich zwischen Himmel und Erde ans Kreuz geschlagen, um uns als Vermittler zwischen einer unperfekten und einer perfekten Welt zu helfen, den richtigen Weg zu finden?

Schauspielerinnen und Schauspieler stellen Charaktere dar, mit denen sie im eigenen Leben nichts zu tun haben. Doch das digitale Zeitalter hat vieles verändert, denn plötzlich verschwinden die Grenzen zwischen der realen und der fiktiven Welt, und die Zuschauer werden selbst zu Schauspielern ihres eigenen Lebens. Auf einmal ist die ganze Welt eine Bühne, und alle Akteure sind herausgeputzt wie Bühnenschauspieler. Man versucht, so gut wie möglich auszusehen, so wie die Leute im Fernsehen, denn es könnte ja jemand unser wahres Talent gerade heute entdecken. Und was wäre schlimmer, als im falschen Kostüm ertappt zu werden?!

Vor nicht mal zwanzig Jahren begegnete man auf den Straßen der westlichen Welt noch Leuten, denen man ansah, welchen Beruf sie ausübten. Man befand sich zum Beispiel in einem Zug, und das «Berufe-Raten» war eine unkomplizierte Angelegenheit. Da saß der Banker in seinem blauen Anzug mit gestärktem Hemd, Manschettenknöpfen und einer teuren

Krawatte, der sich in eine dicke Zeitung vertiefte und die Börsenkurse auswendig lernte. Neben ihm plauderte die Sachbearbeiterin in einer No Name Jeans mit einer Fabrikarbeiterin, die in Arbeitskleidung zu ihrer Tätigkeit am Fließband erschien. Es gab einige Handwerker, die zur Arbeit fuhren und Kleider trugen mit den Spuren des Vortags. Der Schaffner, der die Fahrkarten kontrollierte, steckte in einer Uniform, die irgendwie nicht richtig sitzen wollte.

Heute ist das Pendeln zur Arbeit zum Laufsteg geworden. Perfekt geschminkte Frauen auf Stöckelschuhen und Männer in teuren Anzügen und vom Friseur frisch gescheitelt drängen sich durch Zugabteile und Bahnhofshallen. Woher stammt der Wunsch, ständig vom Kopf bis zur Sohle perfekt gestylt herumzulaufen? Woher kommt dieser Drang, ständig gut und vor allem jung auszusehen? Wird dieses Verlangen befeuert von der realen Welt – oder einer fiktiven?

Viele Menschen lassen sich zwar ein wenig gehen, wenn sie alleine sind, aber wenn sie mit anderen zusammen sind, glänzen sie um die Wette.

Warum ist es so schwierig, sich in der Öffentlichkeit genauso zu geben wie in den Momenten, in denen man sich unbeobachtet fühlt? Anders gefragt: Warum lassen sich Leute zu Hause gehen, wenn sie alleine sind? Warum gibt man sich nach außen anders als nach innen? Ist äußere Schönheit wirklich wichtiger als innere?

Hollywood hat nicht nur die Art und Weise verändert, wie wir denken und wie wir uns kleiden, schminken und benehmen. Die Stadt der Engel hat uns durch ihre medialen Flügelschläge gelehrt, wie Ikarus in der griechischen Sage immer höher und höher dem Glanz der Sonne entgegenzufliegen. Im Mythos von Ikarus hat die Sonne das Wachs in seinen Flügeln schmelzen lassen, und er ist zu Tode gestürzt. Heute wissen wir: Je höher wir fliegen, desto kälter wird die Luft. Und wenn wir zu hoch hinauswollen, wird unser Herz erfrieren.

Hollywood ist eine Schule geworden für die Menschen des 21. Jahrhunderts. Man lernt da alles über äußere Schönheit. Zehntausende von plastischen Chirurgen kümmern sich darum, dass die Jünger des Glamours stets einen grandiosen Auftritt hinlegen. Perfekte Lippen, perfekte Brüste, fantastische Sixpacks und ein straffes Gesäß sind die wichtigste Voraussetzung geworden, um voranzukommen. Ein Heer von Zahnärzten und Dentalchirurgen zaubert jedem ein strahlend weißes Lächeln ins Gesicht.

Es gibt keinen Grund, diese Dinge zu verurteilen, denn das Streben nach Schönheit ist der große Wunsch, dem Paradies etwas näher zu sein. Aber es geht eben nicht nur um äußere Schönheit!

Ich habe einmal eine Geschichte gelesen, die besagt, dass die Erfindung des Spiegels die Ursache all unserer Probleme war. Vorher wussten wir nicht, dass wir schlechte Zähne oder eine schiefe Nase hatten. Die Menschen waren viel glücklicher und gaben sich natürlicher, da sie nicht wussten, wie sie aussahen. Sie fanden die Schönheit in ihrem Leben, in ihrer Familie und in ihren Freunden.

Ob diese Geschichte der Wahrheit entspricht, bleibt Spekulation, zumindest ist aber der Gedanke interessant, was passieren würde, wenn das Aussehen eines Menschen *nicht* entscheidend wäre.

Als es noch keine Spiegel gab, als wir uns selbst noch nicht erkannten, kannte uns Gott, und wir kannten ihn. Heute sehen wir, wie wir sind, darum sind wir weitergezogen. Von Ihm erzählen wir uns nur noch Geschichten, doch viele von ihnen sind nicht wahr. Zu sehr hat uns das eigene Bildnis erschreckt und verzaubert zugleich. Dieser Zauber hat den Turm bis zum Himmel wachsen lassen, bis er zusammenfiel. Nun versteht keiner mehr den andern, und was wir kannten, ist uns unbekannt geworden.

Erkennen heißt: Ihn kennen. Indem wir uns von Gott erkennen lassen, erkennen wir uns selbst, so wie wir wirklich sind. Geliebt. Gemeint. Geboren.

Spiegel sind das Abbild einer verkehrten Welt. Hebe ich die Linke, so hebt mein Spiegelbild die rechte Hand. Fühle ich mich jung, macht mich der Spiegel älter. Habe ich die Berge erklommen und stehe triumphierend vor ihm, sehe ich mich in den Tälern meiner Möglichkeiten. Schönheit, innere Schönheit, zeigt er nicht; nur Falten und Furchen, die das Leben uns beschert hat.

Spiegel haben keine Falten, nur polierte Flächen, in denen wir uns zu erkennen glauben. Dann senken wir den Blick, gehen weg – und unser Geist vergisst sogleich das eigene Bild und die Art, wie wir beschaffen sind. Die Seele aber bleibt unruhig zurück.

Stadt der Engel

Als ich 1988 zum ersten Mal am Flughafen in Los Angeles ankam, waren die ersten Worte, die ich hörte: «This way, sweetheart!» Sie stammten von einer schwergewichtigen Dame, die in einer perfekt gebügelten Uniform steckte.

Als Europäer wusste ich damals nicht, dass es Kleider in solchen Größen überhaupt gab, aber das hier war Amerika. Die Lippen der netten Dame waren mit einem knalligen lila Stift nachgezogen, ihre schneeweißen Zähne mahlten auf einem Kaugummi herum, der nur kurz zur Ruhe kam, wenn sie die Passanten hinter den Absperrbändern lautstark in die langen Schlangen an den Schaltern der US-Einwanderungsbehörden einwies.

Eigentlich wollte ich gar nicht hier sein. Es gab zu jener Zeit zwei wichtige Großstädte in meinem Leben. Die eine liebte ich, und die andere hasste ich. Paris war für mich das Zentrum der Kunst, der Ästhetik, der Literatur und des echten Lebensgefühls. Ich hatte aufgehört, meine Besuche in der Metropole zu zählen, sie waren zu zahlreich. Manchmal nahm ich am Freitagabend den Nachtzug und fuhr übers Wochenende in die Stadt an der Seine. Ich fuhr mit der Métro nach Port de Clignancourt und suchte auf den Flohmärkten nach coolen Kleidern und französischer Literatur, die mich so sehr interessierte und faszinierte. Von Guy de Maupassant über Victor

Hugo bis hin zu Boris Vian las ich alles, was meinen Wissensdurst irgendwie stillen konnte.

Für meine zukünftige Frau war das offensichtlich zu viel, denn eines Tages eröffnete sie mir, dass sie sich für ein Jahr in eine andere Stadt absetzen würde, und zwar in die USA. Da ich sie unglaublich liebe, konnte ich ihr den Entschluss nicht verübeln, dafür wuchs mit jedem Tag mein Hass auf die Stadt ihrer Wahl: Los Angeles.

Als Kind hatte ich mir auf unserem Schwarzweiß-Fernseher am liebsten amerikanische Sendungen angeschaut. Eine meiner Lieblingsserien war immer «Die Straßen von San Francisco» gewesen. Ein Krimi mit großen Autos, wilden Verfolgungsjagden, Frauen in frechen Miniröcken und quirlig aussehenden Typen in Batik-Shirts, die mit finsterem Blick die Stadt unsicher machten. Im Vorspann lief ein cooler Soundtrack, der das Amerika der 70er Jahre musikalisch in Perfektion untermalte.

Doch seit meine Geliebte in Los Angeles wohnte, hasste ich alles, was mit Amerika zu tun hatte. Ich fand den Akzent, die Menschen und die amerikanischen Bands auf einmal grässlich. Wie konnte man sich das nur antun?!

Nach wenigen Monaten kriegte ich solche Sehnsucht nach Brigitte, dass ich kurzerhand zwei Monate unbezahlten Urlaub nahm und einen Flug buchte. Und nun stand ich hier am International Airport LAX. Meine erste große Liebe winkte mir unten an der Rolltreppe zu. Meiner zweiten großen Liebe «Paris» wurde ich an diesem Tag untreu, denn seit ich einen Fuß auf kalifornischen Boden gesetzt hatte, war etwas Komisches mit mir passiert. Ich wusste plötzlich: «I love L.A.»

Am nächsten Tag ging Brigitte arbeiten, und ich lief in einer Stadt spazieren, wo es außer mir keine Fußgänger zu geben schien. Alles sah genauso aus wie in den Filmen und Serien, die ich mir zu Hause anschaute. Die Autos waren monströs, das Benzin war billig, die Autobahnen waren vierspurig, die Luft war schmutzig. Die Portionen in den Restaurants waren gigantisch, ebenso der Hüftumfang der Kellnerinnen und Kellner.

Ich bestellte mein erstes Frühstück irgendwo in Pacific Palisades. Es gab Speck in gewaltigen Mengen, Eier, Hash Browns – das sind geriebene Kartoffeln in viel Fett angebraten – und natürlich Burger.

Ich kämpfte mit meinem ersten Jetlag und den riesigen Portionen. Immer wenn ich dachte, meine Kaffeetasse sei endlich leer, kam eine ältere Dame in weißen Turnschuhen vorbei und machte sie wieder voll. Mit breitem Grinsen schaute sie mich an und sprach mit hoher Stimme: «There you go, darling!»

So viel fettiges Essen in Kombination mit bitterem Filterkaffee am frühen Morgen war ich nicht gewohnt. Im Hintergrund lief ironischerweise der Song einer Band namens Supertramp mit dem Titel «Breakfast in America». Ich mochte die Band, und besonders ihr «Live in Paris»-Doppelalbum spielte ich zu Hause rauf und runter, natürlich auch deshalb, weil das Konzert in meiner Lieblingsstadt Paris aufgezeichnet worden war. Ich summte mit, bevor ich zurück ins Motel ging.

Dann lag ich auf dem Bett, mir war übel, und ich stellte mir vor, ich wäre zu Hause. Mein Plattenspieler würde «Live in Paris» spielen, und ich würde vom Montmartre träumen.

Als ich aufwachte, war es mitten am Nachmittag und ich saß nicht auf den Stufen der Sacré-Cœur, nein, ich war in den USA! Bald schon sollte ich herausfinden, dass «Live in Paris» mit dem Leben in Los Angeles viel mehr gemeinsam hatte, als ich zuvor jemals gedacht hatte. Los Angeles war bereits der Hotspot der Musik- und der Filmindustrie, eine Megalopolis ohne eigenes Zentrum, an der Schwelle zum digitalen Zeitalter.

Und L.A. war dabei, das Paris des 21. Jahrhunderts zu werden: Das weltweite Epizentrum für Kunst, Literatur, Mode, Gastronomie und Kultur, das sich vor hundert Jahren in der französischen Metropole an der Seine angesiedelt hatte, war im Begriff, weiterzuziehen in die Stadt der Engel, rüber an die Westküste Amerikas.

Einer der Meilensteine für diese Entwicklung waren die Olympischen Spiele 1984, dank denen die Stadt eine Metamorphose erfahren hatte. Vier Jahre zuvor hatten die USA die Moskauer Olympischen Spiele boykottiert und nutzten nun als Gastgeber die Gelegenheit, die Welt von ihrer Führungsrolle als Weltmacht zu überzeugen. An der Eröffnungsfeier, bei der ein lebendiger «Raketenmann» durch die Luft schwebte, schnellten auch die TV-Einschaltquoten nach oben in bis dahin unbekannte Höhen.

Der US-amerikanische Super-Athlet Carl Lewis holte viermal Gold, und Los Angeles setzte ganz neue Maßstäbe bei den Fernseh-Übertragungen. Der Sender ABC hatte über 225 Millionen US-Dollar für die Übertragungsrechte hingeblättert, damals eine unglaubliche Summe. Megakonzerne wie Coca-Cola und McDonald's sponserten den Sportevent derart massiv, dass am Ende ein Gewinn von über 232 Millionen Dollar übrig blieb. Was sehr ungewöhnlich war, denn die meisten Olympischen Spiele enden normalerweise mit einem exorbitanten Verlust.

Der weltweite Fernsehboom, den Olympia 1984 ausgelöst hatte, bildete in vielen Ländern den Startschuss für das kommerzielle Fernsehen, und auf einmal liefen die Kisten auch in Europa Tag und Nacht ohne Unterbruch. Das weltweite «Golden Age of Television» hatte begonnen. In den deutschsprachigen Ländern gingen im selben Jahr RTL und Sat.1 an den Start. Da die meisten terrestrischen Frequenzen bereits von den öffentlich-rechtlichen Sendern besetzt waren, kamen neue Übertragungstechniken wie das Kabel- und Satellitenfernsehen dazu – und mit ihnen neue Programmformate wie Reality-TV, TV-Soaps und Comedy-TV-Sendungen, die es bis dahin noch nicht gegeben hatte. Die neuen privaten Sendeanstalten finanzierten sich durch Werbe-Einblendungen – die Geburtsstunde der Einschaltquoten war gekommen.

Wenige Monate vor der Olympiade drehte der damals noch wenig bekannte Regisseur Ridley Scott für einen Computer-Geek namens Steve Jobs einen Werbespot mit dem Titel «1984». Der einminütige Trailer wurde am größten Sportanlass der USA, dem Superbowl, gezeigt und war angelehnt an den Roman «1984» von George Orwell. Er zeigte, wie sich eine junge Frau aus dem Einflussbereich des «Großen Bruders» befreit. (Man erinnert sich: Big Brother is watching you.) Der Trailer endete mit dem Hinweis auf den ersten Macintosh Computer. Dieser Rechner sollte die Welt davor bewahren, sich zu einem Überwachungsstaat zu entwickeln, so wie es in George Orwells Roman beschrieben wird.

Zwar ließ sich Big Brother im Orwell-Jahr noch nicht wirklich blicken, dafür erblickte der Yamaha DX7, der erste erschwingliche Digitalsynthesizer, das Licht der Welt, und auf einmal waren in der Musikbranche nicht mehr nur gute Songs in aller Munde, sondern auch das Midi-Format. Zum ersten Mal in der Weltgeschichte wurde Musik am Computer produziert.

Niemand hätte sich damals vorstellen können, dass innerhalb weniger Jahre diese technologischen Umwälzungen den neuen Standard bilden würden für das, woran wir glauben, was wir hören und was wir in den Medien sehen – und dass Steve Jobs' Firma Apple zum wertvollsten Unternehmen der Welt heranwachsen würde, zum «Big Brother» der Kreativschaffenden und ihrer Jünger.

Der Computer-Geek Steve Jobs schuf die moderne Grundlage für die Definition von Schönheit, indem er von sich selbst behauptete: «Ich stehe an der Wegkreuzung von Kunst, Schönheit und Technik und werde der ganzen Welt zeigen, wie man es besser machen kann.» Besser? Nun, zumindest trieb er eine neue Definition voran und nannte sie: «High Definition».

Noch eine kurze Randbemerkung hierzu: Das englische Wort «Geek» bezeichnete in den Vereinigten Staaten im 19. und frühen 20. Jahrhundert Menschen, die auf Jahrmärkten lebendigen Tieren den Kopf abbissen, um damit Aufsehen zu erregen. Was Steve Jobs mit dem Vorantreiben der Digitalisierung machte, war im Grunde nichts anderes. Er schlug dem analogen Zeitalter den Kopf ab, und wie bei der Hydra, einer Schlange aus der griechischen Sagenwelt, wuchsen an derselben Stelle sogleich zwei neue Köpfe nach: Hollywood und das Silicon Valley. Hollywood steht heute unangefochten für Kunst, Kultur und Schönheit und verteidigt diesen Status mit allen ihm zur Verfügung stehenden Mitteln. Das Silicon Valley hatte fortan die moderne Version der Religion übernommen. Ihre Sakramente sind: Technologie und Verfügbarkeit.

Während meiner ersten Reise nach Los Angeles erblickte gerade auf einer von Steve Jobs entwickelten «NeXT-Workstation» in Genf das World-Wide-Web das Licht der Welt. Seine Firma «Pixar Animation Studio» in Hollywood war dabei, die Filmbranche ins digitale Zeitalter zu katapultieren. Auf Steve Jobs' Rechnern würde in nur wenigen Jahren Ton-, Film- und Design-Software laufen, die das menschliche Verständnis von Kreativität und Schönheit komplett umkrempeln würde. Selbst Musiker würden sich nicht mehr in Studios treffen, um zusammen ein Album einzuspielen: Jeder hätte sein eigenes Tonstudio in Form eines Notebooks unter dem Arm und würde für sich allein Musik arrangieren. Das analoge Zeitalter würde bald Geschichte sein, und mit ihm würden die Wärme, das Knistern und das Rauschen auf den Bildschirmen und aus den Lautsprechern verschwinden.

Der digitale Galopp ohne Sattel stand kurz bevor, und ein wichtiger Teil der Schönheit sollte bald verschwinden: das Handwerk!

Bald schon würden überall Menschen mit Smartphones herumstehen und jederzeit Filme anschauen, Videos posten, Musik hören und mit Freunden weltweit ihr Leben teilen. Die Art und Weise, wie man miteinander kommuniziert, würde sich grundlegend verändern, und man würde nicht mehr gemeinsam am Tisch sitzen und miteinander reden, sondern ständig gebannt auf kleine Bildschirme starren in der Hoffnung, etwas Schöneres darin zu entdecken, als das unmittelbare Gegenüber es darstellt.

Als ich zum ersten Mal nach Hollywood kam, war alles ziemlich aufregend. Es gab hier so viel kreative Energie wie sonst kaum irgendwo auf diesem Planeten. Energie, die Früchte trug und die man überall spürte. Der weiße Schriftzug auf dem Hügelzug der Santa Monica Mountains flimmerte hell unter der Sonne Südkaliforniens, und die neun weißen Buchstaben standen für eine Traumwelt. Jeder wusste: Was im Kino läuft, ist nur ein Lichtspiel und nicht real.

Heute ist meine Sicht auf Hollywood etwas komplizierter. Der Glanz, der von Hollywood ausgeht und mich jahrelang in seinen Bann zog, ist verblasst. Hollywood selbst ist (geografisch gesehen) tagsüber ein langweiliger Stadtteil, in dem sich einige Touristen am «Walk of Fame» tummeln, und nachts ist es ein Ort, an dem Drogendealer, Junkies und Menschen aus dem Sexgewerbe versuchen, sich über Wasser zu halten. Niemand, der Filme macht, lebt in Hollywood, und wer es trotzdem tut, weil er es sich nicht leisten kann, in den vornehmeren Stadtteilen zu wohnen, arbeitet oft rund um die Uhr.

Die Filme, die heute die Studios verlassen, sind meist so gestochen scharf, dass unser Auge sie nicht mehr als Lichtspiel wahrnimmt, sondern als Realität in High Definition.

Es ist in keiner Weise meine Absicht, mit dem Finger auf den Mythos Hollywood zu zeigen und ihn für den moralischen Zerfall in der Welt verantwortlich zu machen – da ist man an der Wall Street mit Sicherheit an der besseren Adresse. Aber die Finanzwelt hat nicht den Anspruch, mit dem Maßstab der Schönheit gemessen zu werden. Hollywood schon.

Die Märchen, die diese Traumfabrik ausspuckt und damit die halbe Welt fesselt, hat große Ähnlichkeiten mit dem Höhlengleichnis Platons. Und das ist ein Problem. Solange Realität und Illusion auseinandergehalten werden, gibt es Echtes und Unechtes, Wahres und Unwahres. Wenn aber die Grenzen von Realität und Illusion verwischt werden, ist es nicht mehr relevant, ob es sich um das Original oder um die Fälschung handelt. Dadurch verdreht der Mensch seine Identität und läuft Gefahr, selbst zu einer Fälschung zu werden.

Hollywood ist heute für mich keine Traumfabrik mehr, sondern ein Fließband für Albträume. Und die technische Verfügbarkeit, die das Silicon Valley generiert, hat die Dosis des visuellen Nervengifts stark erhöht. Hollywood wird heutzutage mit Spitzentechnologie betrieben. Neue Arten von Kameras, digitalen Bearbeitungsmaschinen, Satelliten und Glasfasernetzen bilden ihre Eingeweide, und der unbegrenzte Speicherplatz in den Daten-Clouds hungert die Menschen innerlich aus. Denn wenn unverbindliche Liebe, unendliche Macht, unpersönlicher Sex und maßloser Reichtum als die neuen Heilsbringer propagiert werden, streckt man die Hände ins Leere aus.

Glamour

«Schönheit beginnt in dem Moment, in dem du beschließt, du selbst zu sein.»
– Coco Chanel

Das Höhlengleichnis des griechischen Denkers und Schriftstellers Platon ist eine uralte Geschichte und eines der bekanntesten Gleichnisse in der Philosophie. Es handelt von Menschen, die – in einer Höhle an Stühle gekettet – von Geburt an als Gefangene leben und von der Außenwelt nichts zu sehen bekommen. Sie können sich nicht bewegen und vermögen nur in eine einzige Richtung zu sehen: nämlich an die Höhlenwand vor ihnen. Hinter ihnen in der Höhle steht, leicht erhöht – und ohne dass sie diese sehen könnten – eine weitere Mauer, oberhalb derer eine Art «ewiges» Feuer lodert, welches die Höhle mit Licht versorgt. Zwischen jener Mauer und dem dahinter brennenden Feuer laufen immer wieder andere Menschen umher, plaudern manchmal miteinander und tragen verschiedene Gegenstände und Statuen mit sich herum.

Die Gefangenen sind so gefesselt, dass sie sich weder umsehen noch zur Seite blicken können; sie sehen nur die Schatten der Dinge, die das ständig brennende Feuer auf die Felswand vor ihnen wirft, und sie hören das Echo der Stimmen.

Die Angeketteten halten die Schatten an der Wand für die Wirklichkeit und geben ihnen sogar Namen. Dies geht so lange, bis einer von ihnen entkommt. Der Geflohene überwindet die Mauer, klettert dann durch einen Gang an die Erdoberfläche und gelangt schließlich aus der Höhle hinaus.

Da seine Augen nur die Finsternis kennen, dauert es eine Weile, bis er überhaupt etwas sehen kann. Doch langsam gewöhnt er sich an die Helligkeit. Blinzelnd erkennt er erst Spiegelungen auf dem Wasser und dann die reale Welt, so wie man sie kennt. Als er sich langsam mit all den Sinneseindrücken vertraut macht, vermag er sogar zur Sonne aufzusehen, und auf einmal beginnen seine Augen zu strahlen.

Ganz begeistert von dem, was er in der neuen Welt sieht, steigt er zurück in die Höhle, um seinen Leuten davon zu erzählen. Diese jedoch sehen ihn nur als tanzenden Schatten an der Wand, und seine Rede verwirrt sie. Er spricht davon, sie von ihren Fesseln zu befreien und sie ans Licht zu führen. Doch keiner versteht ihn. Denn die Gefangenschaft, die für uns furchtbar klingt, ist für die Gefesselten alles andere als schlimm. Sie haben nicht den Wunsch, dass sich in ihrem Leben irgendetwas verändert. Sie kennen nichts anderes und sind zufrieden in ihrem Dasein.

Platon wollte mit dieser Geschichte verdeutlichen, dass der Mensch als endliches Wesen mit seinen beschränkten Sinnesorganen alleine nicht in der Lage ist, die wirkliche Welt wahrzunehmen, sondern sich mit einer Projektion der Wirklichkeit zufriedengibt. Nur ein wahrhaft Sehender wäre dazu in der Lage, die Realität zu entdecken.

Zweifellos machte dieser Vorwurf Platon damals in der vornehmen griechischen Hochkultur zu einem unbeliebten Zeitgenossen. Wer mag schon als angeketteter Höhlenmensch bezeichnet werden, der an irgendwelche Schattenwesen glaubt und die Realität der Welt nicht erkennen kann? ...

Ich hatte das Glück, bereits als Kind einen Blick in eine andere, von Schönheit und Licht durchflutete Welt zu erhaschen, und ich wäre dabei beinahe gestorben. Doch davon möchte ich später erzählen. Seither hat mich die Sehnsucht nach Schönheit nicht mehr losgelassen, und ich suche nach ihr, wo ich nur kann.

Ich bin gewiss, es gibt eine andere Realität, eine fürs bloße Auge unsichtbare Welt – und sie ist dem Menschen aus gutem Grunde verborgen. Nur ab und zu dürfen wir einen Blick in sie erhaschen, wenn die Tür zu ihr einen Spalt aufgeht und wir die Augen des Herzens öffnen. Das sind die besonders intensiven und schönen Momente, die man als Mensch erleben darf. Dann ist es so, als wenn Gott mit uns flirten würde und uns einen Blick auf die Herrlichkeit und die Schönheit schenkt, die in der Ewigkeit auf uns warten.

In der westlich orientierten Welt tritt Spiritualität immer mehr in den Hintergrund und gilt in der konsumorientierten Leistungsgesellschaft als bedeutungslos. Konsum beinhaltet im Grunde ja nichts anderes, als sich die Zeit zu vertreiben. Alles ist auf Geschwindigkeit ausgerichtet. Glaube und Spiritualität bedeuten jedoch, Zeit zu finden und ganz bei sich zu sein. Auf einmal spielt die Zeit keine Rolle mehr.

Was die digitalisierte Welt uns heute als Schönheit verkauft, ist ein gnadenloses Geflimmer von Nichtigkeiten. Man lockt uns permanent auf eine falsche Fährte und tauscht die Bedeutung von Schönheit aus durch das postmoderne Credo: «Anything goes!»

Die postmoderne Gesellschaft, die sich durch die Digitalisierung immer weiter von sich selbst entfernt, verbiegt die alten Wahrheiten und fördert Mittelmäßigkeit und Passivität. Das Gute und das Schöne im Menschen hervorbringen zu wollen, ist unwichtig geworden. Mit dem Verweis auf Fernsehquoten wird das Hässliche als Standard verankert. Der irische Philosoph John O'Donohue schreibt: «Wahre Schönheit wird attackiert und als naiv und romantisch hingestellt. So wird das innere Bewusstsein grob und stumpf, wenn keine Bilder und Gedanken mehr Eingang finden, die vom Glanz der Schönheit erfüllt sind.»

Die Medien entwerfen immer neue Schattenbilder, die uns eine Welt schmackhaft machen möchten, in der wir umgeben sind von Kunststoff und Kitsch. Unser Leben und Denken wird beeinflusst von Quoten und Konversionsraten. Spiritualität und Glaube als wichtige Fundamente im Leben eines Menschen werden unterwandert und als lächerlich, fiktiv und im schlimmsten Fall als verwerflich und rückständig dargestellt. Kein Wunder, denn die Vandalen des Mittelmaßes interessieren sich nicht für die menschliche Seele, sondern für unser Geld.

Wenn man aber beginnt, Schönheit nach Belieben zu definieren, verliert sie an Bedeutung, denn plötzlich darf *alles* schön sein. Auch scheußliche Dinge. Das Tragische daran ist, dass so viele Zeitgenossen auf dieses billige Muster hereinfallen.

Natürlich gab es Seichtheit, Glamour, Kitsch und Unechtheit auch schon in früheren Zeitaltern. Die Menschheit hat in allen Jahrhunderten materiellen, geistigen und spirituellen Müll produziert, und das Problem vom falschen Schein ist so alt wie die Menschheit selbst. Aber was gestern war, können wir nicht mehr verändern; was heute ist und morgen sein wird, aber schon!

Unsere Generation kann nur sich selber den Spiegel vorhalten. Es geht nicht nur darum, uns selbst darin zu erkennen, sondern uns auch bewusst zu werden, dass jeder Spiegel einen toten Winkel besitzt, wo sich Dinge befinden, die man nicht sieht, obwohl sie da sind. Und der große «Blindspot» der heutigen Gesellschaft liegt meiner Meinung nach in unserem Umgang mit den Medien.

Das Fernsehen und die Medien und Bildschirme ganz allgemein haben für uns die Sterne vom Himmel geholt. Man nennt sie «Stars». Die Sterne am Firmament strahlen zwar immer noch wie früher, doch wir lassen uns nicht mehr auf ihre betörende Schönheit ein, sondern fallen immer öfter auf das Flimmern auf den Bildschirmen herein, wo die Superstars den glamourösen Lifestyle zelebrieren und um die Wette glitzern. Wo uns früher der Nordstern den Weg durch die Nacht zeigte, haben heute die Superstars diese Funktion übernommen.

Aber sie weisen uns nicht den Weg zur Schönheit, sondern zum Glamour. Das Wort Glamour kommt vom alten schottischen Wort «Glamor» und bedeutet so viel wie «verhext und irregeleitet». Und eigentlich machen die Stars aus der Film- und Musikwelt mit ihrer Omnipräsenz in den Medien genau das mit uns. Darum tragen Millionen von Menschen dieselben Klamotten und kaufen die gleichen Lifestyle-Produkte wie ihre Vorbilder, und zusammen mit dem ganzen Krempel übernehmen wir auch gleich noch ihre Wertvorstellungen.

Es ist sehr schwierig, einen eigenen Stil zu entwickeln, denn man geht das Risiko ein, ausgelacht oder bemitleidet zu werden, wenn etwas eigenartig ist. «Eigen-Art» besitzt eine negative Konnotation. Es ist viel einfacher, beliebigen Vorbildern zu folgen, wenn alle anderen es auch tun. Aber es ist der Weg zur Mittelmäßigkeit. Warum sollten denn gerade Schauspieler und Stars unsere Vorbilder sein? Viele von ihnen führen ein furchtbar langweiliges Leben. Warum wünschen sich überhaupt so viele Menschen, so zu sein wie jemand anders? Im Grunde genommen drückt dies aus, dass man sich in der eigenen Haut nicht wohlfühlt. Aber das tun ja die meisten Superstars auch nicht – warum also das ganze Theater? Der Mensch ist als Original geschaffen worden und nicht als Kopie.

Was das Gewissen für das Gute bedeutet, das bedeutet der Geschmack für das Schöne. Geschmack muss sich entwickeln, man kann ihn nicht einfach kopieren. Stil zu haben bedeutet, viele Fehler zu begehen, bis man die eigene Schönheit selber für sich entdeckt und damit beginnt, sie auszustrahlen. Schönheit gegen außen zu tragen, ist wie eine Rüstung anzuziehen gegen das Elend, das Mittelmaß und die Ungerechtigkeit in dieser Welt! Und die Welt ist voller Elend, Mord, Verfolgung, Vertreibung, Hunger, Not, Neid, Scham und Ablehnung.

Wenn wahre Schönheit aus unserer Mitte verschwindet und durch Glamour ersetzt wird, werden am Schluss nur noch Trümmer übrigbleiben. Wenn eine Gesellschaft Schönheit ersetzt durch Glitzer und falschen Schein, riskiert sie ihren Absturz, denn die nächste Stufe heißt Dekadenz und führt unweigerlich in den Untergang.

Die Digitalisierung wird die Schönheit wahrscheinlich noch schneller vertreiben und aus unserer Mitte verbannen, denn der ästhetische Pluralismus erlaubt der Kunst und der Kultur, alles zu sein, was sie sein möchte. Mit den Apps auf unseren Smartphones wird jeder zum Grafiker, Maler, Fotografen und Filmemacher. Doch die Liebe zum Handwerk verschwindet. Im Untertitel von YouTube heißt es: «Broadcast yourself» («Bring dich selbst groß raus»). Aber was bedeutet das, groß rauskommen oder größer zu sein als andere? Wäre es nicht edel und schön, den anderen höher zu achten als sich selbst?

Wir erlauben den Medien, auch unsere großen Fragen an das Leben zu beantworten. Google findet alles, weiß alles und stellt alles Wissen der Welt auf Knopfdruck zur Verfügung. Aber stimmt das auch wirklich?

Der Wunsch nach Einzigartigkeit ist tief im menschlichen Herzen verankert. Dennoch folgen viele denselben Ernährungstrends, tragen dieselben Kleidermarken und reisen an Orte, die jemand bereits für sie ausgewählt hat. Selbst unsere Träume sind einander ähnlich geworden. Die Läden in fast jeder beliebigen Stadt in Europa und Amerika tragen die gleichen Namen. Obwohl die Weltbevölkerung ständig wächst, wird die Vielfalt immer kleiner. Es gibt Millionen von Apps für Smartphones, dennoch benützt der durchschnittliche Anwender nicht mehr als zehn davon. Und unter Hunderten von Suchmaschinen hat sich nur eine einzige wirklich durchgesetzt: Google. Hat uns die digitale Welt seinerzeit nicht «mehr Vielfalt» versprochen?

Das Wesen der Schönheit beinhaltet Vielfalt. Und jedes Mal, wenn wir bemerken, dass die Vielfalt weniger wird, sollten wir anfangen, innerlich zu protestieren. Denn mit ihrem Verlust wird uns auch der wichtigste Teil der Schönheit gestohlen.

Auch wir stehen heute gemeinsam an einer Kreuzung, nämlich da, wo Schönheit und Glamour aufeinander treffen. Wir können uns nicht für beide Wege gleichzeitig entscheiden.

Zu behaupten: «Es führen viele Wege nach Rom», ist eine Lüge und eine wirklich miserable Wegbeschreibung, vor allem, wenn es um elementare Lebensfragen geht. Alle Wege führen zu Gott? Vergiss es. Ich kenne mehr Wege, die direkt in die Hölle führen. Ich habe viele Freunde verloren, die – obgleich altersmäßig in der Blüte ihres Lebens – in der Drogenhölle gestorben sind. Das ist nicht schön, sondern hässlich!

Mein Großvater kämpfte in der Hölle des Ersten Weltkriegs, er hat als Sanitäter in Frankreich die zerfetzten Gebeine seiner Kameraden eingesammelt. Was bitte soll daran schön sein? Ich hatte Freunde, die gingen Ende der 80er Jahre auf den Strich, um schnelles Geld zu verdienen. Sie wurden durch AIDS dahingerafft. Sie haben's nicht bis nach Rom geschafft. Alle Wege führen nach Rom? In your dreams, Baby!

Die Welt, wie wir sie kennen, ist hungrig und durstig nach so vielen Dingen. Doch der Hunger nach Schönheit, Gerechtigkeit und Glauben bleibt meistens ungestillt. Das Höhlengleichnis, das zu Beginn dieses Kapitels beschrieben wird, steht in Platons siebtem Buch über die «Politeia» («Der Staat»). Er kämpfte gegen den Glauben an die homerischen mythologischen Götter, die wankelmütig, gewalttätig und unnahbar waren. Platon war überzeugt, dass es nur *einen* Gott geben kann und dass dieser Gott gut sei. «Das Gute», schrieb er, seien die Schönheit, die Wahrheit und die Gerechtigkeit, und diese würden durch die Liebe zur Welt vermittelt werden.

In der «Politeia», im zweiten Buch, stellt Platon sich das Wahre, das Schöne und das Gerechte als einen Menschen vor, der sich in der Welt als ein vollkommen Gerechter manifestiert. Er schreibt: «Was ist die größte Prüfung für den Gerechten? Die größte Prüfung ist, wenn er als vollendet Gerechter im Schein größter Ungerechtigkeit leben muss.» Denn dann droht ihm folgendes Geschick: Er wird «gefesselt, gegeißelt, gefoltert, geblendet werden an beiden Augen, und zuletzt, nachdem er alles mögliche Übel erduldet, wird er noch gekreuzigt werden».

Wer diese Rede von Platon zum ersten Mal liest, kommt nicht daran vorbei, die Parallelen zu sehen zu den Evangelien, wo es um die Kreuzigung von Jesus Christus geht. Man muss aber beachten, dass der Text rund 381 Jahre vor Christi Geburt geschrieben wurde und mit der Bibel rein gar nichts zu tun hat.

Ich kann Menschen verstehen, die die Bibel als Maßstab ablehnen, doch hier schreibt Platon, der Mitbegründer unserer heutigen Staatsformen und unserer Geistesgeschichte, der Vordenker der Philosophie, wie sie derzeit an allen bekannten Universitäten gelehrt wird. Das Einzige, was Platon nicht voraussehen konnte, war die Auferstehung der schönen, aufrichtigen Wahrheit in Christus, die alle Dinge wieder in Ordnung bringt.

Was können wir wissen? Was sollen wir tun? Was kommt nach dem Tod? Wer über die Welt nachdenkt, kommt bis heute nicht daran vorbei, sich über Glauben, Schönheit und Gerechtigkeit Gedanken zu machen. Glamour und falscher Schein sind wie eine Straßenlaterne am Ende einer Sackgasse: ein Licht, das ein wenig leuchtet und uns aber deutlich zeigt, dass der Weg hier nicht weiterführen wird.

Das Kind im Brunnen

Eine Legende besagt, dass Gott bei der Erschaffung der Welt von vier Engeln angesprochen wurde. Der erste fragte: «Wie machst du das?» Der zweite: «Warum machst du das?» Der dritte: «Kann ich helfen?» Der vierte: «Was ist das wert?» Der erste war Wissenschaftler, der zweite Philosoph, der dritte Therapeut, der vierte Immobilienhändler. Ein fünfter Engel sah Gott voller Freude zu und klatschte aus Begeisterung und Entzücken Beifall. Das war ein Staunender. Die kommende Zeit wird geprägt sein von Sehen und Staunen.

Ich erinnere mich noch genau, wie ich zum ersten Mal in meinem Leben mit wahrer Schönheit und falschem Schein in Berührung kam. Es geschah beinahe gleichzeitig. Ich war noch ein Kind, ich war glücklich, und es war Sommer. Die drückende Hitze des Nachmittags ließ die Luft über den Straßen flimmern, und am Horizont stauten sich bereits die ersten weißen Wolken zu mächtigen Türmen. Es war beinahe windstill, nur das Zirpen einer einzelnen Grille war zu vernehmen.

Plötzlich, wie aus heiterem Himmel, drang der Lärm von klappernden Hufeisen und das Wiehern und Schnauben nervöser Pferde an unsere Kinderohren. Spannung lag in der Luft. Wir rannten die Auffahrt zum Hof hinunter bis zur Straße vor dem Haus, in dem wir wohnten, denn wir waren neugierig, was um alles in der Welt da vor sich ging.

Urplötzlich schoss eine große schwarze Kutsche in viel zu hohem Tempo um die Kurve und raste an uns vorbei. Die Pferde des Zweispänners waren vermutlich durchgebrannt, und der Kutscher auf dem Bock kämpfte wie wild mit den langen Zügeln und riss wie ein Verrückter an ihnen herum, um die Rosse daran zu hindern, vom rasend schnellen Trab in den vollen Galopp zu wechseln.

Die Holzspeichen-Räder mit ihren eisernen Reifen schnitten tiefe Spurrillen in den heißen Asphalt der Landstraße, die damals für mich noch im Nirgendwo endete. Mit Silber beschlagenes Brustgeschirr klimperte laut am Hals der beiden schwarzen Zugpferde, auf deren Nacken zwischen dem Lederkummet und dem dunklen Fell weißer Schaum zum Vorschein kam.

Hinten in der Kutsche saß eine vierköpfige glamouröse Hochzeitsgesellschaft. Beim Vorbeifahren warf uns der Bräutigam, ein in Frack und Zylinder gekleideter hagerer Grobian mit kantigen Gesichtszügen, einen herzlosen, ja fast abschätzigen Blick zu, bevor er dem Kutscher einen weiteren Befehl zurief: «Weiter, weiter, weiter so!» Sein Trauzeuge griff in eine Papiertüte und schleuderte uns Kindern in farbiges Papier gewickelte Bonbons vor die Füße, süße Köstlichkeiten, die wir umgehend mit unseren flinken Händen zusammenklaubten.

Neben dem Grobian saß seine Braut. Sie trug einen weißen Schleier, der leicht zur Seite geschoben war, darunter wallte ihr dunkles langes Haar hervor. Sie war jung und berückend schön. Dennoch umgab sie ein Hauch von Traurigkeit. Ich erinnere mich noch genau, als wäre es gestern gewesen, wie Furcht in ihrem Blick lag und wie sie sich die Tränen aus den Augen wischte.

«Ja, da war es!» Obwohl ich noch ganz klein war, erkannte ich auf den ersten Blick, dass hier irgendetwas nicht stimmte. Eigentlich wäre alles perfekt gewesen: das Wetter, das umwerfend schöne Brautkleid, die edlen Anzüge der Männer, die schnaubenden Pferde und die mit weißen Blumen geschmückte Kutsche. Wären da nur nicht dieser grauenvolle und kalte Blick des Bräutigams gewesen und die Tränen in den Augen seiner Braut.

Gebannt sah ich der Kutsche nach, bis sie verschwand.

Hinter uns Kindern plätscherte leise ein Brunnen, eigentlich eher eine niedrige Viehtränke. Als ich vor mir auf den Boden blickte, lagen da noch einige Bonbons direkt vor meinen Füßen. Ich trat einen Schritt zurück, um sie aufzuheben, dabei stießen meine Fersen an den steinernen Rand des Brunnens. Ich verlor umgehend das Gleichgewicht, schwankte und ruderte mit den Armen, während meine beiden Schwestern noch an der Straße der Kutsche nachschauten. Weil sie mir den Rücken zuwandten, konnten sie nicht sehen, wie ich mit einem lautlosen Plumpsen im Brunnen versank.

Keiner hatte es gesehen. – Keiner?

Ich ließ meine Augen geöffnet, als ich langsam bis zum Grund des Brunnens sank. Es war ganz still unter Wasser, und ich starrte gebannt in den blauen Himmel über mir. Da war keine Angst und keine Panik. Ich fühlte mich sicher und geborgen. Ich spürte, da war etwas bei mir, am Grunde des Brunnens. Es muss Gott gewesen sein, denn ich spürte, wie eine strahlende Schönheit mich umgab; mitten im kühlen Wasser wollte ich nur noch weiter hinuntergleiten, mitten in die strahlende Schönheit hinein, die um mich herum immer heller zu leuchten begann …

Da riss eine Hand mich jäh aus diesem Zustand tiefster Freude heraus. Ich schnappte nach Luft und prustete los. Es war meine Mutter, die aus den Augenwinkeln heraus bemerkt hatte, wie in der Ferne eine kleine Gestalt in den Brunnen plumpste. Sie schrie laut auf und rannte hinunter bis zur Tränke. Dort angekommen, sah sie mich, wie ich sie mit weit geöffneten Augen durchs klare Wasser hindurch anlächelte. Mein Gesicht, so sagte sie mir Jahre später, war so verzückt, als hätte ich einen Hauch der Ewigkeit erhascht – einen Blick in eine andere Welt voll von großer Schönheit.

An diesem Sommernachmittag wurde ich durchnässt, und zwar bis auf die Herzhaut. Die Welt mit ihrem Glamour hatte mich geblendet, mit Pferden, Wagen und Süßigkeiten. Dabei wäre ich fast ertrunken. Doch im nächsten Augenblick erhaschte ich einen Blick in eine andere, eine wunderbare Welt. Die Tür ging nur einen Spalt weit auf, aber was sich hinter der Schwelle befand, war echt und schön und trug den Glanz der Ewigkeit in sich.

Finsternis

«Der Kampf ist fast verloren. An allen Fronten wurde die Schönheit bekämpft. An den Ecken, an den Enden, von oben und von unten. Wie an einem Stück Brot, weggeworfen in Unachtsamkeit, nagt das Ungeziefer und durchbohrt die kostbare Speise für die Seele mit Höhlen und Gängen. Bald wird da, wo Schönheit war, eine gähnende Leere klaffen, wo nichts mehr ist außer ein paar Worten und Lehren. Und dann, wenn sie ganz verschwunden ist, die Schönheit, die liebliche und atemberaubende Königin der Herzen, wird der König der Dunkelheit seinen Mantel des Schweigens darüber ziehen und so tun, als wäre sie nie dagewesen. Doch wir, die wir nicht nur Zuschauende sind, sondern Verteidiger des Wundervollen, wir werden die Waffen der Gerechtigkeit erheben gegen die überwältigende Armee der Leidenschaftslosen, ja, wir werden alles geben für Jenen, der für uns alles gelassen hat.»

Wenn du ein schönes Leben führen willst, musst du ein paar schöne Geschichten auf Lager haben – und die schönsten Erzählungen sind die, die du selber erlebt hast. Die Einstiegszeilen zu diesem Kapitel sind die Worte meines Großvaters. Er hatte unendlich viele Geschichten auf Lager, und jede einzelne faszinierte mich als Kind. Da Kinder alles glauben, was man ihnen erzählt, habe ich erst später herausgefunden, dass er nicht nur ein Meister im Erzählen war, er war auch erstklassig im Übertreiben.

Man sollte im Leben also stets ein paar schöne Geschichten parat haben; und zwischendurch auch ein paar hässliche. Echter Glaube und wahre Schönheit können beides ertragen. Da man wahre Schönheit oft erst auf den zweiten Blick erkennt und hässliche Dinge manchmal eine hübsche Maske tragen, ist die Unterscheidung zwischen *schön* und *nicht schön* nicht immer einfach. Wenn jedoch Glaube & Schönheit miteinander tanzen, gelingt es leichter, denn man bemerkt schnell, ob sie sich gegenseitig auf die Füße treten – oder nicht.

Man sagt, der Glaube ohne Taten sei tot. Wenn das stimmt, dann kann man davon ausgehen, dass schöner Glaube schöne Taten hervorbringen wird. Doch es gibt auch den hässlichen Glauben, und die Spuren seiner Taten konnte die Kirchengeschichte der letzten Jahrhunderte leider nie ganz wegwischen.

Wenn wir herausfinden wollen, was Schönheit bedeutet, warum sie uns bewegt, uns inspiriert, uns den Atem raubt und das Potenzial in sich trägt, unser ganzes Leben radikal zu verändern, werden wir nicht umhinkommen, falsche Schönheit zu demaskieren.

Es geht hier nicht darum, den Kunstbegriff von «schön» zu erweitern. Viele Künstler und Zeitgenossen haben dies verzweifelt versucht, aber es ist keinem gelungen. Im Grunde haben sie damit sogar dazu beigetragen, dass ein ästhetischer Relativismus entstanden ist, welcher von der wahren Schönheit ablenkt. Aber es geht nicht um Ästhetik. Sie deckt nur einen kleinen Teilbereich der Schönheit ab.

Schönheit ist auch nicht den besonders hübschen Menschen vorbehalten oder den Reichen, die sich gerne mit schönen Dingen umgeben. Schönheit bedeutet: schöne Dinge tun, schöne Beziehungen pflegen, schöne Geschichten erzählen und Schönheit überall dort verbreiten, wo hässliche Dinge geschehen. Das Licht einer Kerze scheint dort am hellsten, wo große Dunkelheit herrscht. Und so ähnlich ist es mit der Schönheit. Inmitten all der hässlichen Dinge, die auf dieser Welt passieren, scheint die Kraft der Schönheit am stärksten. Sie vertreibt die Finsternis.

Ich habe mich als Kind vor der Dunkelheit gefürchtet. Hinter unserer Küche gab es einen finsteren Keller, in dem kein Licht brannte. Tagsüber reichten selbst die Sonnenstrahlen, die durch den Holzverschlag der beiden winzigen Fenster etwas Licht in den Raum warfen, kaum aus, um die eigene Hand vor den Augen zu erkennen.

Wenn sich die Augen endlich an die Dunkelheit gewöhnt hatten, standen da plötzlich riesige Fässer mit Most, prall gefüllte Jutesäcke voller Kartoffeln und Holzkisten mit Sand, in denen im Winter das Gemüse eingeschlagen wurde. Meine Mutter drückte mir oft einen gewichtigen grauen Krug in die Hände und sagte: «Geh Most holen im Keller!» Aber ich schüttelte jedes Mal heftig den Kopf, denn ich fürchtete mich, allein in die Dunkelheit zu gehen.

Abends vor dem Schlafengehen war es am schlimmsten, denn der Weg zur Treppe zu meinem Zimmer führte direkt am Keller vorbei. Das Dunkle, das von diesem Raum ausging, bereitete mir solche Angst, dass ich nicht einfach ganz ruhig und gelassen am Eingang vorbeigehen konnte – nein, ich musste daran vorbeirennen! Dabei vermied ich es, auch nur einen Blick hineinzuwerfen, und deckte mein rechtes, dem Keller zugewandtes Auge mit der Hand ab.

Es war nicht etwa das Unbekannte dieses Raumes, das mich ängstigte, denn ich wusste ja, dass gute Dinge wie Speisen und Getränke darin aufbewahrt wurden. Was mir Angst machte, war die Präsenz der Finsternis.

Meine Angst vor der Dunkelheit hat mir mein Großvater genommen. Er schlich abends an unserer Küchentür vorbei, die einen Spalt offen stand, und rief mir im Vorbeigehen zu: «André, il est temps d'aller dormir» («Es ist Zeit zum Schlafengehen»). Dabei zwinkerte er mir zu, machte eine Bewegung mit der Hand und forderte mich auf, mit ihm mitzugehen.

Ich hörte, wie im Gang draußen sein Benzinfeuerzeug klickte und wie er zuerst eine Zigarette anzündete und dann die alte Stalllaterne. Ich rief: «Gute Nacht, Mama», und eilte ihm nach. Er nahm mich an der Hand, und gemeinsam gingen wir Abend für Abend in den Keller.

Dort setzten wir uns auf eine Kiste, und er begann damit, mir Geschichten zu erzählen. Zuerst von seiner Zeit im Ersten Weltkrieg in den Schützengräben Frankreichs, wo ihm Bleikugeln um die Ohren sausten und seine Kameraden zerfetzten. Dann erzählte er von finsteren Wäldern, durch die er sich tagelang kämpfte, um seinen Verfolgern zu entkommen, und von dem eiskalten Fluss, in dem er drei Stunden ausharrte, um nicht gefasst zu werden. Wie er ausgehungert und nach vielen Tagen auf der Flucht im Wald einem Mann begegnete, der ihn mit in seine Hütte nahm. Sie bereiteten gemeinsam Weinbergschnecken in Knoblauchbutter zu und tranken Rotwein, als ein Soldat von draußen die Türe einschlug. Es gab einen Kampf, eine Rangelei, und schlussendlich überwältigten und fesselten sie ihn, löffelten ihm Suppe ein, bis er zu weinen begann und nur noch wimmerte: «Maman, Maman, tu me manques!» («Mama, Mama, ich vermisse dich!»).

Die meisten dieser Geschichten würden es heute niemals in ein Kinderbuch schaffen. Dennoch saß ich kleiner Zwerg furchtlos da, mitten im dunklen Keller bei meinem Großvater, und hörte ihm gebannt zu. Die Finsternis hatte ihre Präsenz und Wucht verloren, und die dunklen Schatten an der Wand streiften ihre gespenstischen Formen ab.

Mein Großvater erzählte mir, dass man selbst in größter Finsternis keine Angst haben muss, wenn man sich gute Geschichten zu erzählen hat. «Jeder Mensch hat Geschichten», sagte er. «Die meisten trauen sich nur nicht, sie zu erzählen, denn sie denken, dass nur schöne Geschichten gut genug sind, um sie mit anderen zu teilen. Doch hässliche Geschichten tragen die Hoffnung auf bessere Zeiten in sich. Und Hoffnung vertreibt die Dunkelheit!»

Es war spät geworden, mein Großvater stand auf, löschte die Laterne und sprach: «Le boeuf: der Ochs; la vache: die Kuh; fermez la porte: die Türe zu.» Dann schickte er mich mit einem liebevollen Klapps auf den Hintern ins Bett.

Am nächsten Morgen stand ich auf, lief am Keller vorbei und blieb davor stehen. Ich machte mit der gespreizten Hand eine lange Nase in die Dunkelheit. Großvater hatte ich versprochen, von diesem Tag an damit zu beginnen, meine eigenen Geschichten zu schreiben und die schöne weite Welt da draußen zu entdecken. Die Finsternis hatte ihren Schrecken verloren.

Wir zogen unsere Stiefel an und gingen in den Wald, wo wir uns im Untergehölz herumtrieben und Reisig schnitten, um zu Hause Besen zu binden. Wenn wir an einer Birke vorbeiliefen, bohrte er mit einer Ahle ein Loch in den Stamm, steckte einen Strohhalm hinein und stellte eine leere Flasche darunter, in die dann Birkensaft tropfte. Damit pflegte er das Fell der Hoftiere.

Großvater zeigte mir, wie man mit einer Hand Zigaretten dreht, und erzählte mir Geschichten über die Erfindung der Elektrizität. Er war ein Tausendsassa, wenn es um Biologie und Naturwissenschaften ging, und erzählte ständig neue Anekdoten von Dingen, die sich meist irgendwo in Frankreich ereignet hatten.

Großvater schaffte es, nicht nur mich mit dem Virus des französischen Lebensstils anzustecken, sondern auch meine Schwestern. Besonders meine ältere Schwester war so stark davon befallen, dass sie mit 15 Jahren unter dem Protest meiner Eltern, aber mit dem Segen meines Großvaters alleine nach Frankreich reiste und ein ganzes Jahr bei einer Gastfamilie verbrachte.

Einmal kamen Verwandte aus Paris zu uns zu Besuch. Sie hatten einen Fasan und Rebhühner mitgebracht, und wir saßen alle am Tisch, genossen Baguettes mit gesalzener Butter, Crevetten und Geflügel. Meiner Mutter grauste es bei dem Gedanken, diese Tiere zuzubereiten. Doch der unbekannte Duft aus der Küche füllte bald das ganze Haus, und es roch nach fremden Kräutern und gekochtem Rotwein. Ich werde diese wunderbaren Gerüche nie mehr vergessen.

Das frankophile Virus hatte jetzt auch mich fest im Griff. Als ich meine Frau kennenlernte, reisten wir beide, gerade mal 16 Jahre alt, zum ersten Mal miteinander nach Paris und tauchten ein in die Welt der Kunst, der Schönheit und der Mode. Der französische Lebensstil färbte dermaßen auf uns ab, dass wir unser ganzes Umfeld damit ansteckten. Auf einmal rauchten alle unsere Freunde Gauloises Blondes, wir tranken nicht mehr Bier, sondern Wein, und gingen zum Essen ins Restaurant. Bis heute habe ich kein Gegenmittel gefunden gegen diese Sucht nach dem Zelebrieren des schönen Lebensstils. Das «Savoir vivre», «Savoir faire» und dieses legendäre «Leben wie Gott in Frankreich» inspiriert mich bis in meine Träume hinein und beeinflusst mein ganzes Sein.

Paris war für lange Zeit meine große Liebe. Es ist mehr als drei Jahrzehnte her, dass wir zum ersten Mal am Trocadéro standen, uns umdrehen und vor uns den Eiffelturm erblickten. Seine Schönheit machte uns damals sprachlos, und noch heute erfasst uns große Freude, wenn wir den Turm zwischen den Häuserschluchten entdecken.

Wir haben unzählige Kunstgalerien in Frankreich besucht und jeden Winkel des Landes nach Schönheit durchstöbert – und wir haben sie praktisch überall gefunden. Am Mittelmeer und am Atlantik, in den Pyrenäen und in den Alpen, an den Ufern der Seine und des Rheins, auf der Saône und im Rhonetal.

Wir gehen noch heute in die Boutiquen von Hermès und lassen unsere Hände über die bedruckten Seidenstoffe, Lederwaren und Handtaschen gleiten. Sie sind hergestellt in einer Qualität, die nur Handwerksmeister fertigen können, und sie tragen Preisschilder, die selbst einem russischen Oligarchen Schweißperlen auf die Stirne zaubern.

Wir besuchen die Orte, an denen sich Jean-Paul Belmondo und Brigitte Bardot herumtrieben, und schwimmen in den Buchten, wo Paris Hilton vor Anker geht. Nicht wegen der Promis, sondern wegen der Schönheit. Sie ist in Frankreich allgegenwärtig, ob in der Kunst, der Natur, im Handwerk oder in der Architektur. Es strömen mehr Besucher jährlich nach Frankreich, als es Einwohner gibt im Land. Die ganze Welt pilgert da hin, um etwas von der Schönheit zu erhaschen, von der tout le monde spricht.

Echte Schönheit hat auch eine spirituelle Komponente. Sie lässt dich vor die Finsternis dieser Welt treten und ihr die lange Nase zeigen!

Auf unserer Suche nach Leben, Schönheit und Ästhetik blieb nach all den Jahren eine große Frage aber ungeklärt: In dem Land, in dem sozusagen jedes zweite Dorf und beinahe jede Straße nach einem Heiligen benannt ist, stehen praktisch alle Kirchen leer. In Städten, die Namen wie Saint-Paul-de-Vence, Sainte-Maxime, Saint-Tropez oder Le Mont-Saint-Michel tragen, ist zwar das christliche Vermächtnis allgegenwärtig, und ästhetische Schönheit findet man an jeder Ecke – aber über den Glauben spricht man hier nicht.

Kann es folglich sein, dass Schönheit und Glaube einfach nicht zusammenpassen und sich zueinander verhalten wie Katz und Maus? Waren es vielleicht die Französische Revolution und die Aufklärung, die die ganze Spiritualität hinweggefegt haben? Oder ist es die dunkle Kirchengeschichte, die den Franzosen derart große Furcht einflößt, dass sie außer Moules Saint-Jacques, ihrer Leibspeise, und Château Pétrus, einem der kostbarsten Weine der Welt, nichts in ihr Herz reinlassen, das mit dem Glauben in irgendeiner Weise etwas zu tun hat?

Ich wünschte mir, dass der wahre Schatz, den die christlichen Vorfahren in diesem wundervollen Land hinterlassen haben, nicht nur auf Straßenschildern glänzt, sondern auch wieder in den Augen eines Volkes, das es wie kein anderes versteht, Schönheit zu erschaffen.

Durch den Glauben wurden in Frankreich einige der prächtigsten Bauwerke geschaffen, die an Schönheit kaum zu überbieten sind. Aber wie konnte die Schönheit die Jahrhunderte überdauern – und der Glaube gleichzeitig verschwinden?

Ich bin auch nach intensiven Nachforschungen und unzähligen Frankreich-Reisen auf keine befriedigende Antwort gestoßen. Eine Weile dachte ich, die Künstler, die die Dekadenz im «Fin de Siècle» vorantrieben und ästhetische Gegenwelten konstruierten, mit denen sie die halbe Welt an der Nase herumführten, könnten dafür verantwortlich sein. Aber diesen Gedanken habe ich wieder verworfen.

Doch auch ein blindes Huhn findet irgendwann ein Korn, und mehr aus Zufall bin ich auf eine Antwort gestoßen, die mich am Ende dazu bewogen hat, dieses Buch zu schreiben:

Eines Tages las ich den Satz des französischen Schriftstellers und Nobelpreisträgers François Mauriac: «Man kritisiert nicht Christus. Man kritisiert die Christen, weil sie ihm nicht ähnlich sind.»

Auf einmal begriff ich: Glaube und Schönheit können nebeneinander existieren, ohne je miteinander in Beziehung zu treten. Und die Trennung von Glaube und Schönheit ist nicht nur ein rein französisches Problem, sondern das universelle Problem der ganzen Christenheit. Glaube kann fröhlich vor sich hin vegetieren, ohne eine Symbiose mit der Schönheit einzugehen.

Dasselbe gilt für die Schönheit. Schönheit kann ihre Blüten treiben, auch ohne vom Glauben befruchtet zu sein; die Frage ist nur, welche Früchte sie hervorbringt. Kurz gesagt: Wenn die beiden Begriffe «Glaube & Schönheit» einander keine Rechenschaft ablegen, wuchern sie wie Weinreben, die ins Kraut schießen, aber keine edlen Trauben hervorbringen. In Johannes 15,5 steht: «Ich bin der Weinstock, ihr seid die Reben. Wer in mir bleibt und ich in ihm, der bringt viel Frucht, denn ohne mich könnt ihr nichts tun.»

Die größte Arbeit eines Weingärtners besteht nicht darin, für Wachstum im Weinberg zu sorgen. Die größte Mühsal eines Winzers liegt im Zurückschneiden der wilden Triebe. Wenn die Triebe zu lang werden und keiner sie beschneidet, folgen sie irgendwann der Gravitation und berühren die Erde, oder besser gesagt: Sie berühren das (Un-)Kraut, das dort wächst. Von da an geht es nicht mehr lange, bis sie Wurzeln schlagen – oder eben ins Kraut schießen! «Wer in mir bleibt und ich in ihm», das bedeutet: den wilden Trieben nicht freien Lauf lassen, sondern sie trimmen, damit die Reben im Weinstock bleiben und gute Früchte entstehen.

Der Glaube und auch der Drang nach Schönheit müssen in Form geschnitten werden. Dieser Gedanke wirkt in der modernen Welt geradezu anachronistisch, wenn nicht sogar lächerlich. Wir leben in einer Gesellschaft, in der alles auf Wachstum ausgerichtet ist. Uns allen wäre aber geholfen, wenn wir uns wieder mehr auf die Qualität der Früchte statt auf das Wachstum im Weinberg konzentrieren würden. Doch unsere Gesellschaft verehrt alles, was mit Wachstum zu tun hat. Wir lassen uns blenden von irgendwelchen grünen Ranken, die fröhlich, aber fruchtlos vor sich hin wuchern.

Wer noch nie in einem verwilderten Weingarten spazieren ging, dem empfehle ich, dies einmal in seinem Leben zu tun. Man sollte aber gutes Schuhwerk, Handschuhe und lange Hosen tragen. Was Kulturverlust bedeutet, sieht man am besten in einem Weingarten, der seit Jahren nicht mehr gehegt, gepflegt und beschnitten wurde.

Irrlichter

«Um sein Ziel zu erreichen, zitiert selbst der Teufel aus der Bibel.»

– William Shakespeare

Wenn Glaube einsam vor sich hin wuchert, ohne an der Schönheit gemessen zu werden, führt dies dazu, dass viele Menschen ihm irgendwann den Rücken zukehren. Sie gehen dann zwar noch mit einer «Glaube light»-Version durchs Leben und reden an Hochzeiten und Beerdigungen vom «lieben Gott», aber zu einer engen Gottesbeziehung kommt es nicht.

Lieber Franz, liebe Susanne, lieber Gott! Dies hört sich nach einer Beziehung unter Kollegen an. Aber wahre Liebe ist keine Kollegenschaft! Wenn ich anfangen würde, meine Frau mit «liebe Brigitte» anzusprechen, wäre es wahrscheinlich an der Zeit, die Eheberatung aufzusuchen.

Gott liebt uns so sehr, dass er vor Freude hüpft, wenn er an uns denkt. Er rennt vor Freude auf uns zu, wenn er uns sieht! Im Lukasevangelium 15,20 steht, dass Gott seinem verlorenen Sohn entgegenlief, ihm um den Hals fiel und ihn küsste. Dies klingt nicht nach einer oberflächlichen Beziehung unter Kollegen, sondern nach der schönsten und reinsten Liebe, die man sich vorstellen kann. Genau *so* ist Gott, und so hat Christus ihn uns offenbart.

Viele Gelehrte und Kirchenführer sind selektiv an biblische Texte herangegangen und haben sie aus dem Kontext gerissen. Als Folge davon haben sich die Christen zersplittert und sind zum Teil sehr unchristlichen Gottesbildern verfallen. Die Frohe Botschaft wurde zur Geschichte eines Monstergottes, der sich von seinem Sohn Schmiergeld bezahlen lässt, damit er es irgendwie gerade noch so über sich bringen kann, sich die Menschen in ihrer Sündhaftigkeit überhaupt anzusehen. Im Gottesverständnis vieler Kirchengemeinden hört sich das dann so an:

Da kommt der verlorene Sohn vom Leben geschlagen und gezeichnet nach Hause, nachdem er sein Erbe verjubelt und mit Prostituierten verprasst hat. Als er pleite ist und sein Essen aus dem Trog der Schweine klauben muss, wird ihm klar, wie weit unten er angekommen ist. Er entscheidet sich, zurück zu seinem Vater zu gehen und ihn um Verzeihung zu bitten.

Doch als er zu Hause ankommt, steht sein Vater in der Eingangstür und schaut seinem Sohn grimmig entgegen. «Wo kommst du her?! Wie siehst du denn aus?! Und was hast du mit meinem Geld gemacht? Du Taugenichts! Ich habe dich gewarnt, aber du hast nicht auf mich gehört. Du hast es verdient, verachtet zu werden!

Geh mir aus den Augen. Lass dir von deinem Bruder Seife geben, wasch dich gründlich, und dann ab mit dir an die Arbeit!»

Vielen religiösen Menschen ist ein verzeihender, liebender und gnadenvoller Gott einfach ein Dorn im Auge. Ihrer Mission steht das Bild eines Gottes, der Mensch geworden ist, irgendwie im Weg. Wenn Gnade tatsächlich *umsonst* zu haben ist, lassen sich ihre Werke, Gebäude, Angestellten und religiösen Systeme nämlich nicht mehr finanzieren. Die Vorstellung, dass Divinität und Humanität in der Person Jesus Christus vereint sind, ist ihnen suspekt. Also trennen sie die Göttlichkeit von der Menschlichkeit und schaffen eine vertikale Entfremdung zwischen Gott und den Menschen.

Christus aber ist als unser Bruder auf die Welt gekommen, der mitten unter uns wohnte. Ein Mensch unter Menschen. Jesus hat das Kartell des Priestertums aufgelöst. Als Zeichen dafür zerriss bei seinem Tod der Vorhang vor dem Heiligtum im Tempel in zwei Teile. Von oben bis unten.

Ich glaube, dass Schönheit eine der klassischen Kriterien ist für die Wahrheit. Eine hässliche Theologie kann nicht wahr sein, denn sowohl Wahrheit als auch Schönheit haben ihren Ursprung in Gott. Wenn versucht wird, eine hässliche Theologie aufrecht zu erhalten, bedeutet dies nicht nur, dass Missbrauch betrieben wird an der Schönheit, der Wahrheit und dem Glauben, sondern de facto immer auch an den Menschen, die sich unter dem Joch dieser Theologie abmühen. Jesus sagt: «Mein Joch ist leicht, und meine Bürde ist nicht schwer.»

Missbrauch ist wohl das mächtigste Werkzeug, um den Glauben eines Menschen zu zerstören. Im Alten Testament im Buch Jesaia 9,5 wird der Name Gottes in einem Satz beschrieben: «Sein Name heißt Wunderbar!» Doch wenn man sich ansieht, was Menschen in Gottes Namen alles tun, dann ist das alles andere als schön! Warum gibt es so viel sexuellen Missbrauch in der Kirche, so viel geistlichen Missbrauch unter Seelsorgern, so viel Machtmissbrauch unter Geistlichen und derart viele seelische Abhängigkeiten unter Charismatikern?

Die Antwort ist einfach: Wenn ich im Namen meines Nachbarn rausgehe und Männer verprügle, Frauen belästige und Leute betrüge, sagt dies im Grunde gar nichts aus über meinen Nachbarn, aber es sagt ziemlich viel aus über mich. Agnostiker, Nihilisten, Atheisten und Zweifler sind selten als solche geboren, sie wurden meistens zu solchen erzogen von übereifrigen geistlichen Leitern, die sich elend fühlen und von der eigenen Schuld zerfressen sind.

Ich hatte manche Begegnung mit hässlichen Formen von Glauben. Das erste Mal in einer Kirche. Besser gesagt: im Kirchgemeindehaus, wo wir Konfirmanden jeden Samstagabend um 18 Uhr zusammenkamen, um zu hören, was der Pfarrer über Gott dachte. Ich ging gerne hin, weil mir die Geschichten gefielen.

An einem dieser Abende war ich etwas später dran und eilte in letzter Minute in den nüchtern eingerichteten Klassenraum, als mir die hässliche Seite des Glaubens mit aller Härte entgegenschlug. Und zwar wortwörtlich.

Ich zog gerade die Tür hinter mir zu und setzte mich in der hintersten Reihe auf einen freien Stuhl. Der Kirchendiener hatte bemerkt, dass ich in letzter Sekunde hereingekommen war, und schlich sich von hinten an mich ran. Er verpasste mir einen derart heftigen Schlag auf den Hinterkopf, dass mir beinahe schwindelig wurde. «Das wird dich lehren, zu spät zu kommen!», zischte er und setzte ein hämisches Grinsen auf.

Im Hintergrund hörte ich, wie die Kirchenglocke sechs Mal

schlug. «Ich bin nicht zu spät!», entgegnete ich. Kurz darauf folgte eine schallende Ohrfeige: «Wage es ja nicht, mir zu widersprechen!»

Die ungerechte Behandlung tat weh, und etwas in meinem Glaubensleben geriet an diesem Tag ins Wanken. Es war das letzte Mal, dass ich mit Freude zum Konfirmanden-Unterricht ging. Meine Einstellung gegenüber der Kirche und ihren Dienern hatte eine Delle abbekommen.

Dass die Kirchenpfleger so grob mit uns Kindern umsprangen, war gemein. Was aber wirklich hässlich war: Der Pfarrer tolerierte es stillschweigend.

Die Delle im Schild meines Glaubenslebens wurde noch tiefer, als ich ein anderes Mal in der Kirche saß, während einer meiner Freunde mit einem Hustenanfall kämpfte. Ich kramte in meiner Jackentasche nach einem Bonbon und steckte es ihm zu. Der Dirigent des Kirchenchors interpretierte dies als «Schwatzen während der Predigt». Er zog mich an den Ohren von der Kirchenbank hoch, zerrte mich vor allen Leuten aus dem Gottesdienst und setzte mich vor die Tür.

So wurde der Glanz der Geschichten in den farbigen Kirchenglasfenstern etwas matter, denn die Realität, wie ich sie in der Kirche erlebte, war eine ganz andere. Auf der einen Seite fühlte ich mich innerlich angezogen von der Schönheit des Glaubens, auf der andern Seite begann ich mich ernsthaft gegen die Scheinheiligkeit aufzulehnen – und aus Protest gegen dieses ungerechte System wurde ich, ohne lange zu überlegen, Atheist.

Aber das Atheist-Sein beinhaltete ein Problem: Ich fragte mich ständig, mit wem ich denn eigentlich jetzt reden konnte, wenn ich Hilfe brauchte. Ich wollte jemandem Danke sagen, wenn mir etwas besonders gut gelang, aber das ging ja nun nicht mehr, denn meine neue Ideologie verbot es mir, mit einem Wesen zu sprechen, das gar nicht existierte.

Dann, an einem Frühlingstag im Mai, saß ich alleine draußen in der Natur, als es zu regnen begann. Die Wiesenblumen blühten, und die Gräser verströmten einen betörenden Duft nach Leben. Die Apfel- und Birnbäume standen majestätisch und in voller Blütenpracht in der Landschaft. Überwältigt von dieser Schönheit erinnerte ich mich an mein Erlebnis als kleines Kind, als ich in den Brunnen fiel, und erneut spürte ich Gottes Gegenwart so stark, dass ich meinen Unglauben wieder aufgab, denn ich war ja schlichtweg ein miserabler Atheist.

Ich kann Menschen, die mit Gott nichts anfangen können, gut verstehen, denn das Christentum hat in der Tat viel Hässliches hervorgebracht. Aber eben auch viel Schönes, und darum sollte man das Kind nicht mit dem Bade ausschütten.

Man kann Gott unmöglich im Kopf begreifen, sondern nur im Herzen. Es dauerte noch eine ganze Weile, bis ich entdeckte, dass Glaube schön sein muss, um schöne Werke hervorzurufen. Hässlicher Glaube wird hässliche Taten hervorbringen.

Es ist unser Gottesbild, welches unsere Taten beeinflusst. Wer das Bild von einem schönen, einem wunderbaren Gott im Herzen trägt, wird transformiert, und sein Glaube wird edle Taten hervorbringen; ein Glaube, den man an den guten Früchten erkennen wird, nicht am Eifer! Man wird ein Diener des Guten, denn Diener sind wir am Schluss alle. Wir dienen Menschen, Systemen, dem Geld, der Macht, unseren Vorstellungen – oder den Vorstellungen der anderen. Einige dienen freiwillig einem politischen System, andere unfreiwillig. Es gibt Menschen, die eingesperrt und gefangen sind hinter dicken Mauern. Andere sind eingekerkert in Traditionen, die ihnen nichts bringen, denen sie aber trotzdem dienen und die sie kleinhalten.

Die große Frage lautet also nicht: «Was denkst du über Glaube und Schönheit?», sondern: «Wem dienst du? Ist der Gott, dem du dienst, ein schöner oder ein hässlicher Gott? Heißt dein Gott Geld oder Macht? Und was legst du auf seinen Altar? Heißt dein Gott Sex oder Pornografie? Dann sag mir bitte, wie man sich denn so fühlt als Sexgott?»

Wenn du dir eingestehst, dass du einer Sache oder einer Person dienst, gibst du indirekt auch zu, dass du Glauben hast. Denn man kann nicht dienen, ohne zu glauben. Warum sollte man auch? Unser ganzes Leben lang dienen wir Menschen, Systemen, Heimatländern oder Göttern. Gewollt oder ungewollt ordnen wir uns etwas Größerem unter, das im Grunde selbst nicht fassbar ist und keine Stofflichkeit besitzt. Und genau hier verlassen wir den Boden des Greifbaren und befinden uns im Reich des Unfassbaren, im Land der Gefühle, also da, wo Liebe, Empathie, Hass, Neid, Zorn, Ehrgeiz, Gier und Macht regieren.

Irgendwann kommt für jeden Menschen die Zeit, wo er an das Ende seines Lebens erinnert wird. Plötzlich werden unscheinbare Dinge im Leben wichtig. Eine Blume, eine Begegnung, ein schönes Wort. Auf einmal fällt es leicht, Glanz und Glamour zu entlarven und wahre Schönheit zu erkennen, denn die Gedanken hören auf zu kreisen, und das Herz beginnt zu sehen, zu hören und zu sprechen. Man weiß einfach, dass die Zeit abläuft und das Leben hier vorbei sein wird.

Der Tod bleibt nur so lange fremd, bis er an die eigene Türe klopft. Wenn wir alt werden und entdecken, dass unser Herz nicht nur Blut durch unsere Venen pumpt, sondern pures Leben, ist es meistens schon zu spät.

Ich habe zwei Milliardäre kennen gelernt, die sich mit über achtzig Jahren noch so verhalten haben, als ob sie unsterblich wären. Sie sind in ihrem fortgeschrittenen Alter noch geiziger und gieriger geworden und denken, dass ihr Geld den Tod aufhält. Doch ihr Leben ist wie ein Theater. Eines Tages werden sie auf der Bühne stehen, wenn der Applaus verstummt ist und die Kulissen weggeräumt werden. Dann werden sie mit aller Heftigkeit mit einer Welt konfrontiert, in der nur innere Schönheit und Glaube wichtig sind. Sie aber werden vermutlich dastehen mit leeren Händen.

Wenn ich mit Menschen rede, die dem Glauben mit Verachtung gegenüberstehen und alles Geistliche und Transzendentale ignorieren, höre ich immer wieder die gleiche Frage: «Wie kannst du als gebildeter Mensch nur an einen liebenden Gott glauben, wenn du all den hässlichen Kram anschaust, den das Christentum hervorgebracht hat? Denken wir nur an Inquisition, Verfolgung, Glaubenskriege, Missbrauch, Rufmord, Heuchelei und all das! ...»

Die einzige Antwort, die ich darauf parat habe, lautet: «All diese schrecklichen Dinge sind im Namen des Glaubens geschehen. Keines dieser Dinge geschah im Namen der Schönheit! Ich aber folge nicht einem hässlichen, sondern einem schönen Gott!»

Wenn es um die elementarsten Dinge im Leben geht, und dazu gehören der Glaube und die Schönheit, dann sollte man sich nicht bei Enttäuschungen aufhalten oder bei heidnischen Weltbildern, die an jeder Straßenecke zu kriegen sind.

Schönheit ist zwar nur einer von vielen Zugängen bei unserer Suche nach Gott. Es gibt andere Zugänge, etwa Gerechtigkeit, Gnade, Vergebung oder Liebe. Aber wenn dich all diese Werte Gott nicht nähergebracht haben – warum versuchst du es nicht einmal mit Schönheit?

Viele Menschen, die den Glauben als überflüssiges Überbleibsel aus dem Mittelalter bezeichnen, haben keine Berührungsängste mit den Kunstwerken und keine Scheu, Kirchen wie die Kathedrale Notre-Dame de Paris, die Basilika Sacré-Cœur de Montmartre, das Straßburger Münster oder den Kölner Dom zu betreten und zu bewundern. Diese Schätze sind für sie reizvoll, denn sie sind von der Ästhetik, der Bauweise, der Hingabe der Erbauer und der Kunst der Handwerker total angetan. Dem Glauben selbst stehen sie hingegen ablehnend gegenüber, weil sie nur die hässliche Form davon kennen.

In der Tat gibt es sie, die Glaubenskriege, die den Tod von Tausenden verursacht haben. Schlussendlich ist aber *jeder* Krieg ein Krieg des Glaubens, denn sowohl jene, die ihn planen, als auch jene, die ihn ausführen, sind gleichermaßen schuldig. Jeder Krieg beginnt im Kopf eines Menschen, der glaubt, das Richtige zu tun. Der Glaube kann zwar Berge versetzen, aber er kann auch Kriege verursachen. Ich habe noch nie etwas von einem «Schönheitskrieg» gehört, denn echte Schönheit lässt es nicht zu, dass Menschen einander für ihre Überzeugungen bekämpfen oder töten.

Das Christentum wird eine Renaissance erleben, wenn es anfängt, seine Glaubensgrundsätze wieder im Lichte der Schönheit zu betrachten. Dann werden viele hässliche Dinge und falsche Motive bereits im Vorfeld demaskiert werden. Schönheit öffnet die Tür zu unserem Herzen, ohne um Erlaubnis zu bitten. Das ist ihre Stärke.

Es gibt keine schönen Kriege, keine schöne Inquisition und auch keinen Missbrauch, der dem Schönen dient, egal, wie «geistlich» er daherkommen mag. Wenn man vergisst, dem Glauben mit der Frage nach seiner Schönheit die Zügel stramm zu ziehen, und ihm einfach freien Lauf lässt, wird er durchbrennen wie Pferde vor einer Kutsche, die irgendwann zu schnell um die Kurve galoppieren.

Nur wenn der Glaube Hand in Hand geht mit Schönheit, werden unsere hässlichen Beziehungen sich verwandeln in schöne Beziehungen, werden hässliche Worte ausgetauscht gegen schöne Worte – und so wird die ganze Welt um uns herum verwandelt.

Wenn wir alles, was wir tun, zuerst mit der Frage beginnen: «Ist das schön, was ich hier tue?», dann wird sich unser Leben verändern. Alles, was wir tun, und alles, was wir reden, sollte von Schönheit geprägt sein, auch die kleinen und unscheinbaren Dinge – selbst die unwichtigsten Sätze, die wir sprechen.

Die Absenz von echter Schönheit öffnet ein weites Feld für hässliche Formen. Davon sind alle betroffen, egal, ob das Architekten, Banker, Händler oder Priester sind.

Wenn sich Glaube und Schönheit aneinander messen und hässliche Dinge entlarvt werden, werden unsere Ketten gesprengt, und wir dürfen hinaustreten ins Licht. Vielleicht werden wir geblendet und müssen zuerst eine Zeitlang blinzeln. Doch das ist gut so. Glauben ohne Schönheit führt in die Gefangenschaft. Es war Jesus selbst, der von sich sagte: «Der Geist des Herrn ist auf mir, er hat mich gesandt, zu predigen den Gefangenen, dass sie frei sein sollen.»

Ich bin aus tiefstem Herzen davon überzeugt, dass uns viel Schönheit gestohlen wurde. Wenn wir heute von Schönheit sprechen, meinen wir eigentlich die Schatten des Glamours. Wir denken an Bilder schöner Menschen im Fernsehen oder im Kino und an Promis in Hochglanz-Magazinen, vielleicht auch an Kunstwerke, die für Millionenbeträge den Besitzer wechseln. Aber wahre Schönheit ist so unendlich mehr als ansehnliche Menschen oder gefällige Dinge. Schönheit kann auch im Unansehnlichen verborgen sein: Da, wo sie keiner vermutet, schlummert sie, bis man sie weckt.

Wer Gottes Schöpfung betrachtet, findet nichts Hässliches in ihr. Kein Baum, kein Stein, kein Mensch und kein Tier sind hässlich erschaffen worden. Doch das Wesen der Schönheit kann man nur mit dem Herzen erkennen, für den Verstand ist es nicht begreifbar. Um es mit den Worten von Antoine de

Saint-Exupéry zu sagen: «Man sieht nur mit dem Herzen gut, das Wesentliche ist für die Augen unsichtbar.»

Im Buch Jesaja steht folgender Satz: «Mach dich auf und werde licht, denn dein Licht kommt, und die Herrlichkeit des Herrn geht auf über dir! Denn siehe, Finsternis bedeckt das Erdreich und Dunkel die Völker, aber über dir geht auf der Herr, und seine Herrlichkeit erscheint über dir.»

Fake News

«Eine ins Meer geworfene Handvoll Sand ist das, was Sünde ist, im Vergleich zu Gottes Vorsehung und Barmherzigkeit. So wie eine reichliche Wasserquelle nicht durch eine Handvoll Staub behindert wird, so ist die ‹Schöpfung Gnade› nicht durch die Sünden seiner Kreaturen besiegt.»

– Isaak von Ninive

Was wir über Gott denken und über ihn sagen, ist das, was wir über uns selber sagen und denken. Es ist ein Schattenbild und eine Projektion unserer Vorstellung. Einige stellen sich Gott vor als Tyrannen, der alle Menschen nach Belieben manipuliert; andere sehen ihn als den gemeinen Stiefvater, der die ihm anvertrauten Kinder misshandelt. Einige sehen ihn als den Vater, dem man nie genügen kann und der ständig neue Anforderungen an uns stellt; andere spielen fröhlich das Spiel «Die verwöhnten Kinder» und behandeln Gott als den Papa, der ihnen alles kauft, um sie bei Laune zu halten.

Egal, welches Gottesbild wir in uns tragen, es bleibt so lange verzerrt, bis Christus in unser Leben tritt und es ersetzt durch sein eigenes Bild. Dann verschwindet die Theologie, und unser Gottesbild muss seiner Offenbarung weichen. Unsere Interpretation der biblischen Geschichten wird so lange negativ behaftet sein, bis Christus unser Bild von Gott durch sein eigenes Bild ersetzen wird.

Über Gott werden so viele hässliche Geschichten erzählt, die von blutigen Kriegen handeln oder von kleinkarierten Gesetzen. Diese Geschichten haben eines gemeinsam: Sie offenbaren die Sicht des Menschen auf Gott – und nicht umgekehrt.

Das Alte Testament ist ein Tummelplatz für religiöse Bürokraten. Aber Schriftgelehrte und Bürokraten haben eines gemeinsam: Sie sind dazu ausgebildet, das Wesentliche zu übersehen. Denn irgendwann kommt das Neue Testament, und Jesus tritt auf den Plan. Er zeigt uns, wie Gott wirklich ist, aus der Sicht von Gottes Sohn. Und auf einmal entschwinden die blutrünstigen Geschichten, weil das Gesetz erfüllt ist, und so treten neue Geschichten an ihre Stelle. Geschichten wie diese hier:

In Samaria lebt eine Frau mit gebrochenem Herzen. Eine Ehe, eine Scheidung. Eine zweite Ehe, es klappt nicht. Ein dritter Mann, ein vierter, ein fünfter – ihr Ruf ist dahin. Hinter ihrem Rücken murmeln die Männer, sie sei leicht zu haben. Auch bei dem Mann, mit dem sie jetzt zusammen ist, findet sie die Liebe nicht, nach der sie sucht.

Und was macht Jesus? Er kommt zu ihr und sitzt gemeinsam mit ihr bei einem Brunnen, was für jene Zeit eine ziemlich frivole Situation darstellt. Dann sagt er zu ihr etwa so: «Ich weiß, wer du bist, was du tust und warum du keinen Frieden findest. Dein Problem sind nicht Liebe, nicht Sex und auch nicht die Männer. Dein Problem ist, dass deine Seele vor lauter Durst nach *echter Liebe* verdorrt ist. Aber ich habe das Wasser des Lebens, und ich werde dich lieben und werde deine persönliche Quelle des Lebens sein. Wenn du glaubst, dass ich der Gesalbte Gottes bin, wirst du nie wieder durstig sein.»

Sie glaubt es, und diese Offenbarung stellt ihr Leben auf den Kopf. Nach einer ostkirchlichen Überlieferung gab man ihr später den Namen «Photini» (die Erleuchtete). Sie wurde zur ersten Botschafterin von Christus und verbreitete die Botschaft des Evangeliums in der ganzen römischen Welt. Am Ende wurde sie von Kaiser Nero deswegen gefoltert und starb für ihren Glauben, aber ihre Seele war ruhig, denn ihr Durst nach echtem und schönem Leben wurde gestillt.

Neue Szene: In Jericho wohnt ein kleingewachsener Mann, der wegen seiner Gier und seinem Frust über die eigene Kleinwüchsigkeit Steuereintreiber wurde. Aber nicht nur das: Er spricht sich mit den römischen Besatzern immer wieder mal ab und wird zum Unterdrücker seines eigenen Volkes. Er hat mit Sicherheit nicht viele Freunde und wird von jedermann verachtet.

Und was macht Jesus? Er läuft unter dem Baum vorbei, auf dem der Mann sitzt, und sagt zu ihm etwa dies: «Zachäus, komm von da runter. Ich werde heute etwas tun, was sonst niemand machen würde. Ich werde in dein Haus kommen, an deinem Tisch essen und dein Freund werden.»

Zachäus ist nach seiner Begegnung mit Jesus so berührt, dass er jedem, den er betrogen hat, das Vierfache zurückzahlt, zudem verschenkt er die Hälfte seines Vermögens den Armen.

Jesus hat ihn nicht nur in die Gemeinschaft zurückgeführt, sondern heilte auch seine Gier. Zachäus wurde bekannt als der großzügigste Mann seiner Stadt.

Dritte Szene: Sie handelt von einer Frau, die beim Sex mit einem anderen Mann ertappt wurde. Die religiösen Führer hatten sie aus dem Bett gezerrt, um sie zu verurteilen und zu steinigen. Ihre Peiniger schreien jetzt: «Sterben soll sie, denn sie hat gegen den Bund der Ehe verstoßen. Lasst uns Steine sammeln und sie töten! Denn so verlangt es das Gesetz von Mose!»

Und was macht der Sohn Gottes? Er sagt: «Wer von euch ohne Sünde ist, der werfe den ersten Stein.» Er kniet neben ihr nieder und beginnt in den Sand zu kritzeln. Einer nach dem andern, vom Ältesten bis zum Jüngsten, schleichen sie sich jetzt davon, bis keiner mehr da steht. Da fragt Jesus: «Wo sind eigentlich deine Ankläger geblieben?» Die Frau antwortet: «Sie sind gegangen, mein Herr.» Und Jesus sagt etwa so: «Dann verurteile ich dich auch nicht. Lass all den Schmerz und die Einsamkeit hinter dir, lass all die Dinge los, die dein Herz dazu treiben, Dinge zu tun, die du eigentlich gar nicht willst. Willkommen in deinem neuen Leben.»

Hier noch eine weitere Story: Ein Mann, der den Verstand verloren hat und von einer ganzen Legion Dämonen besessen ist, lebt auf einem Friedhof. Er ist vollständig nackt, und sein Körper ist übersät von Narben, die er sich mit scharfen Steinsplittern selber zugefügt hat. Der Mann ist so wild, dass sich die Leute nicht trauen, in seine Nähe zu kommen. Einige haben schon versucht, ihn zu fesseln, aber er ist so stark, dass die

Ketten einfach zerreißen. Kein Mensch ist in der Lage, diesen ausgeflippten Typen zu bändigen.

Und was macht Jesus? Er sucht nach dem Besessenen, steigt in ein Ruderboot und überquert den See von Galiläa. Jesus besucht den verwirrten Mann persönlich, treibt seine Dämonen aus und gibt ihm seine eigenen Gedanken zurück. Er kleidet ihn und schickt ihn zurück zu seiner Familie.

Der Mann ist so dankbar, dass er mit Jesus mitgehen und sein Jünger werden will. Doch zu unserer Überraschung sagt Jesus: «Nein, bleib hier, denn ich möchte, dass du die ganze Region mit dieser schönen Nachricht erfüllst und allen von deiner neuen Freiheit erzählst.» Und genau das tut dieser Mann!

Wenn das Christentum für etwas bekannt sein sollte auf der Welt, dann für die Vergebung. Denn Vergebung ist Schönheit in Reinschrift! Schönheit bedeutet, dass Gott sich nie von uns abwendet, uns nie verlässt und mit uns durch das Durcheinander unseres Lebens gehen wird. Selbst wenn wir uns von Gott abwenden, ist er immer noch da und konfrontiert uns mit seiner Liebe. Er rennt immer auf uns zu, nimmt uns in seine Arme und küsst uns. Er ist immer *für* uns, er ist nicht der griesgrämige und verurteilende Richter, der nur darauf lauert, dass wir das Gesetz übertreten, sondern er ist der große Arzt, der die Krankheit der Sünde heilt.

Selbst am Kreuz, wo die Menschen Gottes Sohn ermordeten, um ihre religiösen Systeme zu verteidigen und ihren Einfluss zu schützen, angetrieben von Hass, Furcht und Selbstherrlichkeit, spricht er: «Ich vergebe euch, denn ihr wisst ja nicht einmal, was ihr hier tut. Ihr nehmt mein Leben, ich aber schenke euch ein neues Leben. Ihr hasst mich, ich aber liebe euch über meinen Tod hinaus. Ihr seid meine Feinde, doch ich betrachte euch als meine Freunde.»

Gott hat sich niemals von der sündhaften Menschheit abgewandt und gesagt: «Ich bin viel zu heilig und viel zu vollkommen, um mir eure Sünde noch länger anzuschauen.» Nein, so etwas hat er nie ausgesprochen! Solche Dinge aber haben die Schriftgelehrten von ihm behauptet, denn sie empfanden sich selber als viel zu heilig, fühlten sich viel zu erhaben und wandten sich deshalb mit Abscheu ab von den Sündern. Aber Gott ist kein Schriftgelehrter, der sich angewidert abwendet. Im Gegenteil, wenn wir uns abwenden, wendet er sich noch immer uns zu. Wenn wir davonlaufen, konfrontiert er uns mit seiner Liebe. Sogar wenn wir seinen Sohn töten und ihn ans Kreuz hängen, überrascht er uns mit seiner Gnade und Vergebung.

Jesus Christus ist nicht gekommen, um die Meinung von Gott über uns Menschen zu ändern oder ihn, seinen Vater im Himmel, etwa zu beschwichtigen. Nein, er ist gekommen, um den Menschen zu offenbaren, wie Gott wirklich über uns denkt und wie er uns liebt. Gott ist so wie Jesus! Das wussten wir vorher nicht, aber jetzt wissen wir es.

Das ist der ultimative Vaterschaftstest, und wir dürfen uns aufgrund seiner Selbstoffenbarung seine Kinder nennen.

In Johannes 14,10 heißt es: «Glaubst du nicht, dass ich im Vater bin und der Vater in mir? Die Worte, die ich zu euch rede, die rede ich nicht von mir selbst. Der Vater aber, der in mir wohnt, der tut die Werke.»

Die Schönheit des Unsichtbaren

«Ich habe meist mit offenen Augen von Schönheit geträumt. Ich wollte so schön sein, dass sich die Leute umdrehen, wenn ich vorbeigehe.»

– Marilyn Monroe

Es war nur eine unwichtige Begebenheit, dennoch hat sie meine Einstellung zu unscheinbaren Dingen auf den Kopf gestellt. Meine Bassgitarre, eine alte «Fender 1966 Precision Olympic White», streikte, die Buchse hatte durch das viele Herausziehen des Instrumentenkabels einen Wackelkontakt. Am Abend stand ein größeres Konzert bevor, und es führte kein Weg daran vorbei: Der Schaden musste dringend behoben werden.

So ging ich in meine Werkstatt und zog alle Volumenregler raus, danach schraubte ich das Pickguard los. Als ich das Schlagbrett entfernte und das Innenleben meiner Bassgitarre sichtbar wurde, hielt ich inne, denn was ich sah, erfüllte mich mit Staunen. Alle Komponenten waren wie Elemente eines Kunstwerks angeordnet. Wo die Litzen auf die Platinen trafen, waren kleine Hülsen über die feinen Kupferkabel gestülpt, und alles war fein säuberlich verlötet. Die Kabel hatten exakt die gleichen Längen und Radien und waren liebevoll im Gehäuse angeordnet. Die Schlitze der Schrauben schauten alle in die gleiche Richtung.

Obwohl es sich nur um das unsichtbare Innenleben einer Bassgitarre handelte, hatte ein Meister seines Faches sein ganzes Können und seine ganze Leidenschaft in die Konfektion dieses Instruments fließen lassen, und unter seinen Händen ist ein Kunstwerk entstanden: berührt von eines Meisters Hand!

Ich war überwältigt, denn dieser unscheinbare Innenraum strahlte nicht nur Qualität und Wertigkeit aus, sondern war beseelt von Schönheit, die selbst da strahlt, wo sie keiner sieht. Natürlich könnte man sagen: «Wer interessiert sich schon für das Innenleben einer Bassgitarre! Wesentlich ist, das dieses Teil das macht, wozu es gebaut wurde, nämlich gute Musik.» Doch solch schnöder Pragmatismus ist eine der größten Waffen, die man gegen die Schönheit richten kann. Unsere ganze westliche Gesellschaft ist verseucht vom Pragmatismus des Zeitalters, in dem Kitsch, Pfusch, schlechte Architektur und billig hergestellte Ware den Alltag beherrschen. Vintage Style und Shabby Chic sind im Grunde nichts anderes als eine zynische Antwort auf die gekünstelte Welt hinter den spiegelnden Glasfassaden mit ihren auf Hochglanz polierten Oberflächen, wo alles organisiert ist und jedermann im Fahrstuhl freundlich grinst.

Die industrielle Fertigung hat uns mit Hilfe der Globalisierung gnadenlos erschlagen mit x-beliebiger Massenware. Die meisten Dinge, die uns täglich umgeben, sind maschinell hergestellte Produkte ohne Seele. Hunderttausende Container, meistens aus Asien, überfluten die ganze Welt mit billigen Dingen, die oft ihren ersten Einsatz gerade knapp überstehen.

Man findet immer weniger Haushaltwaren und Alltagsgegenstände, die dafür gemacht wurden, ein Leben lang zu halten und zu funktionieren. In den Zügen und U-Bahnen schwitzen Männer in billigen Polyesteranzügen um die Wette, und ihre Füße stecken in schwarzen Plastikschuhen, die glänzen und Laute von sich geben wie Quietsch-Enten. Aber hallo: Richtige Schuhe werden erst zu solchen, wenn sie mindestens zum zweiten Mal mit Leder besohlt wurden und ihr Oberleder eine Patina besitzt, die neidische Blicke auf sich zieht!

Es ist noch nicht lange her, dass in Fachgeschäften die Ärmel von Jacketts von Hand angenäht wurden, weil Armfreiheit wichtig war und eine Nähmaschine die Nähte zu fest vernähen würde. Es gab Händler, die Fliesen verkauften, die in winzigen Manufakturen in liebevoller Handarbeit hergestellt wurden, jede Kachel ein Unikat! Es gab Seifenküchen, die selber Seifen schöpften und sie in Hunderten von Duftnoten und Formen vertrieben. Da waren Ateliers, die Haute Couture nähten, und es gab Geschäfte für handgemachte Taschen, Kleider, Hüte, Schuhe, Stoffe und Schirme.

Warum sind die Fachgeschäfte mit all diesen schönen Dingen immer weniger geworden und bald vollständig aus unserer Welt verschwunden?

Unsere Erde ist in den vergangenen Jahren zu einem Plastik-Planeten verkommen. Das Gemüse im Supermarkt ist in Plastikfolie eingeschweißt, die Milch kommt aus beschichteten Containern und der Joghurt aus kleinen Bechern. Das Mineralwasser sprudelt aus PET-Flaschen, und selbst Wein wird beim Abfüllen oftmals durch Kunststoffrohre gepumpt und mit Korkzapfen verschlossen, die aus verklebten Korkabfällen bestehen. Über 90 Prozent der im Supermarkt verfügbaren Waren kommt mit Plastik in Kontakt. Selbst unsere Kleider sind mit Kunststoff vermischt, und das darin enthaltene Bisphenol A gelangt über die Haut in unseren Blutkreislauf und plastiniert uns Menschen von innen heraus.

Unsere Weltmeere sind überflutet mit Plastikmüll, der auf den Kontinenten achtlos weggeworfen und in die Ozeane gespült wird. Man geht davon aus, dass es in den Ozeanen mittlerweile mehr Plastik gibt als Plankton. Das Meerwasser mitsamt seinen Bewohnern ist vergiftet. Dennoch transportieren weiterhin beängstigend viele Containerschiffe Konsumgüter aus Kunststoff und Weißblech in die Häfen dieser Welt und löschen da ihre erbärmliche Fracht aus Polymeren und verzinntem Schrott, in der bösartigen Hoffnung, dass die Güter möglichst schnell auf dem Müllhaufen landen.

Wäre es nicht an der Zeit, Qualität, Wertigkeit, Langlebigkeit, Einzigartigkeit und beständige Schönheit als einen Ausweg zu betrachten, um unsere Wegwerfgesellschaft aus dem ständigen Kreislauf des «Kaufen macht glücklich» zu befreien?

Indem wir wieder mehr Wert auf Einzigartigkeit und auf Schönheit legen und auch den Dingen im Verborgenen die notwendige Hingabe und Liebe zuteilwerden lassen, könnten wir der Globalisierung mit ihrer hässlichen Kunststoff-Ideologie etwas entgegenhalten. Anstelle von Umverteilung von unten nach oben würden die Transaktionen im weltweiten Handel ausgetauscht durch eine Transformation hin zum

Schönen. Klingt das nach Utopie? Mag sein, aber alles beginnt mit einem ersten Schritt.

Wir fallen immer wieder auf den Glamour der Welt herein und müssen uns folglich jeden Tag aufs Neue ganz bewusst für das Schöne entscheiden! Indem wir unseren Plastik-Konsum einschränken, geben wir unserem Leben eine neue Richtung, weil wir uns vom Austauschbaren abwenden und so Einzigartigkeit finden.

Der größte Teil der Schönheit ist sozusagen unsichtbar und wird meist sowieso als unbedeutend angesehen. Aber wer nur dem Sichtbaren Bedeutung zumisst und nur jenen Dingen Aufmerksamkeit schenkt, die um die Wette glänzen, verspottet die Welt des Unsichtbaren und hat am Schluss nichts in den Händen als Narrengold.

Die tragenden Teile, die wirklich wichtigen Dinge im Leben, liegen im Verborgenen. Die Morandi-Brücke von Genua ist nicht wegen eines sichtbaren Defekts eingestürzt, sondern weil die statischen Elemente in den unsichtbaren Bereichen der Brücke nicht mehr tragfähig waren. Wer den unsichtbaren Dingen die gleiche Aufmerksamkeit schenkt wie den sichtbaren, wird bald realisieren: Die Schönheit ist die Substanz des Lebens.

Die Weltgeschichte liefert zahllose Beispiele von Menschen, die sich nicht vom Glamour blenden ließen; Menschen, denen es ziemlich egal war, ob sie am Schluss berühmt waren für das, was sie taten. Ihre Meisterwerke, Erfindungen und Errungenschaften sind nicht aus Plastik, denn sie haben die Jahrhunderte überdauert. Noch heute strömen Millionen von Menschen staunend zu ihren Kunstwerken und profitieren von der schöpferischen Kraft und Ausstrahlung, die von ihnen ausgeht. Hier sind nur einige Beispiele großer Vermächtnisse:

Michelangelo Buonarroti gilt als einer der einflussreichsten italienischen Maler, Bildhauer, Baumeister und Dichter. Aus einem riesigen Marmorblock, der zuvor fast vierzig Jahre lang nutzlos in einer Dombauhütte herumlag, begann Buonarroti das kolossale Bildnis des David herauszumeißeln. Der Stein, der an seiner längsten Seite über vier Meter maß, hatte am unteren Ende einen Durchbruch und galt als «verhauen». Agostino Di Duccio, ein anderer florentinischer Bildhauer und Lebemann, war bereits zuvor mit der Aufgabe betraut worden, den David aus diesem Steinklotz herauszuklopfen, doch er scheiterte, als er versuchte, den Stein liegend zu bearbeiten. Michelangelo ließ ihn aufrichten – und dies führte zum Erfolg. Bereits vor der Fertigstellung wurde den Auftraggebern klar: Diese Statue war einmalig. Eine Sensation!

So entstand eine der bekanntesten Skulpturen der Kunstgeschichte. Viele Bildhauer seiner Zeit sahen lediglich einen riesigen Marmorklotz, der irgendwo herumlag. Michelangelo aber sah darin bereits das vollendete Abbild des Hirtenjungen, der zum späteren König von Juda aufstieg. Michelangelo ließ sich nicht von der Plumpheit eines verhauenen Marmorblocks ablenken, sondern sah darin Schönheit, die keiner vor ihm sah.

Meister Gerhard wuchs wohl in Reil an der Mosel auf. Vielleicht haben ihn die steilen Weinlagen beim Höhenzug des Calmont dazu inspiriert, Steine übereinander zu schichten, um etwas Einzigartiges zu schaffen: die steilsten Weinberge der Welt.

Eins ist sicher: Auf seinen Lehr- und Wanderjahren als Baumeister, die ihn zu den großen Sakralbaumeistern in Nordfrankreich führten, lief Meister Gerhard an so manchem Steinbruch vorbei. Doch er erblickte nicht nur Steinhaufen, sondern er sah vor seinem geistigen Auge bereits, wie er daraus ein riesiges Gotteshaus bauen würde. Also machte er sich auf den Weg zurück zum Ufer des Rheins und begann mit dem Bau des Kölner Doms.

Unter seiner Aufsicht entstand ein architektonisches Wunderwerk in Form der weltweit größten Kathedrale im gotischen Baustil. Seine genialen Baupläne blieben auch für die kommenden Dombaumeister die Richtschnur bis zur Vollendung des Bauwerks. Selbst der Weiterbau des Kölner Doms 1842, beinahe 600 Jahre nach Meister Gerhards Tod, folgte präzis seinen Plänen. 600 Jahre sind eine ziemlich lange Zeit für eine Unternehmung. Wir sitzen heute in Büros und reden über Quartalsabschlüsse, und unsere Budgets beinhalten die Bilanz für das nächste Jahr. Nur wenige Firmen schaffen es, eine Strategie für mehr als fünf Jahre im Voraus zu entwickeln. Hier aber finden wir eine Strategie, die viele Jahrhunderte überdauert. Heute pilgern täglich 20.000 bis 30.000 Menschen zum Kölner Dom, das sind jährlich zwischen sieben und acht Millionen Besucher. Das sind ziemlich viele «Likes» für ein paar Steine.

Alexander Fleming, der Erfinder des Penicillin, hatte wohl vergessen, vor seinem Urlaub einige Petrischalen zu entsorgen, die zur Kultivierung von Mikroorganismen dienten. Zurück in seinem Labor am Saint Mary's Hospital in London, fand er sie im Spülstein liegen. Als er sich die Schalen genau ansah, bemerkte er, dass auf dem Nährboden der flachen Glasbecken Schimmelpilze gewachsen waren. Schimmelpilze sind nichts Ungewöhnliches in einem medizinischen Labor. Ungewöhnlich war nur, dass rund um den blau-grünen Schimmel keine Staphylokokken wuchsen, jene als Krankheitserreger bekannten Bakterien, die über die Haut und die Schleimhäute den menschlichen Körper befallen und Entzündungen hervorrufen.

Der Rest ist Geschichte. Man kann nur ahnen, wie viele Menschenleben seit Flemings Entdeckung gerettet wurden und wie viel Schmerz durch den Einsatz von Antibiotika gelindert werden konnte. Doch entdeckt kann nur werden, was bereits zuvor schon existierte. Penicillin existierte seit Jahrtausenden, nur hatte bis dahin niemand diesem Schimmelpilz irgendeine Bedeutung beigemessen. Alexander Fleming hatte zwar durch Zufall eine der markantesten Entdeckungen der Menschheitsgeschichte gemacht, doch nur dank seiner Mühe, Dinge zu erforschen, die außerhalb des mit bloßem Auge noch Erkennbaren liegen, kam der Zufallsfund der gesamten Menschheit zugute.

«Von nichts kommt nichts», sagt ein altes Sprichwort. Die lateinische Bedeutung von Null ist «nullus» und steht für «nichts» und für «Leere». Der Ausdruck «nullus» wird auch verwendet als: unbedeutend, gering, nichtssagend und wertlos.

Die meisten antiken Kulturen, die uns heute bekannt sind, kannten keine Zahl Null. Auch im römischen Zahlensystem war die Null überflüssig, denn jede Ziffer hatte ihren festgelegten Wert. Vielleicht war es die Furcht vor dem «Nicht-Vorhandensein», die im ganzen Abendland der Null – oder besser gesagt: dem Unsichtbaren – zu einem derart schlechten Ruf verhalf. Die Absenz, das Nicht-Vorhandensein, wird auch heute noch mit Angst in Verbindung gebracht. Die Furcht, «vor dem Nichts zu stehen», «ein Nichtsnutz zu sein» oder «für jemanden nicht mehr zu existieren», ist real. Die Angst vor der Leere, vor dem Nichts – auch bekannt als «Horror vacui», die Scheu vor der Leere – hat seit der Antike Philosophen, Denker und Wissenschaftler beschäftigt, und selbst der französische Philosoph, Mathematiker und Naturwissenschaftler René Descartes schrieb in seiner 1644 erschienenen *Principia philosophiae* «von der Unmöglichkeit des Vakuums» – dass es also einen leeren und materiefreien Raum wie das Vakuum unmöglich geben könne.

Erst der deutsche Politiker Otto von Guericke, ein bekannter Physiker und Bürgermeister von Magdeburg, nahm Mitte des siebzehnten Jahrhunderts der «Leere» und dem «Nichts» ihren Schrecken. Guericke fügte zwei runde Schalen aus Kupfer so zusammen, dass sie eine Kugel bildeten. Er dichtete die Fuge ab, und mit Hilfe einer Pumpe entzog er dem so entstandenen Hohlraum die Luft und erzeugte damit ein Vakuum. Zur Veranschaulichung band er je vier Pferde in entgegengesetzter Richtung an die beiden Schalen. Die Rosse waren nicht in der Lage, die später als die magdeburgischen Halbkugeln bekannt gewordenen Kupferschalen voneinander zu trennen.

Es gab ihn also doch, den luftleeren Raum. Das «Nichts»! Und welche Kraft in ihm steckte!

Dies sind nur einige Geschichten aus der Welt der Kunst und der Naturwissenschaften. Es gibt unzählige andere Zeugnisse von Menschen, die das «Unsichtbare» für die Welt sichtbar machten.

Aber lass uns doch etwas persönlicher werden und über deine eigene Erfahrung mit dem Transzendenten berichten, von einer Begebenheit in deinem Leben, die zwar unbedeutend daherkam, in Wahrheit aber von größter Wichtigkeit für dich war. Deine Eltern waren wahrscheinlich ganz aus dem Häuschen, als du als Kleinkind den allerersten Schritt machtest. Für dich war es nur ein kleiner Schritt, und wahrscheinlich bist du kurz darauf wieder hingefallen, aber für deine Eltern war es etwas vom Aufregendsten überhaupt! Dieser eine wacklige und unsichere Schritt hat sie davon überzeugt, dass du es in dieser Welt schaffen wirst und auf eigenen Beinen stehen kannst.

Die Millionen Schritte, die diesem ersten folgen sollten, hatten nie mehr dieselbe Bedeutung wie dieser eine. Egal, wohin in der Welt du gehst, welche Länder du durchquerst, welche Schwierigkeiten vor oder hinter dir liegen: Dieser erste Schritt hat den ganzen Unterschied gemacht in deinem Leben.

Als der US-amerikanische Astronaut Neil Armstrong als erster Mensch auf dem Mond landete, saßen oder standen rund 600 Millionen Zuschauer vor dem Fernseher und hörten seine Worte: «Dies ist ein kleiner Schritt für einen Menschen, aber ein riesiger Sprung für die Menschheit.» Auch für ihn begann alles mit einem Schritt auf der Mondoberfläche. Armstrong sprach nicht von den 384'400 Kilometern, die er mit dem Apollo-11-Raumschiff auf dem Weg vom Kennedy Space Center zum Erdtrabanten zurücklegte; er sprach nicht von dem jahrelangen harten Training, das Astronauten vor ihren Flügen durchlaufen; er sprach auch nicht von den vielen Fehlschlägen, die dem ersten bemannten Flug mit Mondlandung vorausgegangen waren. Für diese gefährliche Mission hatten sie ihre Familien zurückgelassen, und die USA hatten astronomische Summen ausgegeben für die Reise zum Mond, doch all das war jetzt kein Thema. Armstrong sprach nur noch von seinem ersten Schritt, der den ganzen Unterschied machte.

Tausende von Jahren hatten die Menschen den Mond beobachtet, hatten von ihm geträumt, hatten sich unter ihm verliebt und in seinem Schein ihren Weg durch die Nacht gefunden. Aber noch nie hatte ein Mensch auch nur einen Fuß auf den Mond gesetzt. Dies war das erste Mal.

Unzählige Schritte sind deinem ersten Schritt als Kind gefolgt, und viele weitere Missionen zum Mond und ins All haben seit Neil Armstrongs Apollo-11-Flug stattgefunden. Aber nichts bewegt Menschen so wie der erste Schritt. Der erste Schritt zu Krieg oder Frieden. Der erste Schritt zur Umkehr und zur Versöhnung. Der erste Schritt hin zur Schönheit. Oder der erste Schritt hinaus aus einer Scheinwelt. Es ist der Glanz des «ersten Mals», der unser Herz berührt und unsere

Leidenschaften weckt. Denk an deine erste Liebe, an die Geburt deines ersten Kindes oder an den Tod des ersten Menschen, den du geliebt hast.

Die wahrhaft große Leistung liegt nicht darin, weite Distanzen, ja Millionen von Meilen zu überwinden, sondern darin, Schönheit in den kleinen Dingen des Lebens zu entdecken – und heute damit anzufangen, auf das, was hässlich ist, zu verzichten und sich für die Schönheit zu entscheiden. Lass Gott dir seine Schönheit zeigen. Du wirst sehen, wie dein Leben eine neue Richtung erhält.

«Suchet der Stadt Bestes und betet für sie zum Herrn, denn wenn es ihr wohl geht, so geht es euch auch wohl.»

Jeremia 29,7

Von der Kunst, das Übermächtige zu bezwingen

«Das Publikum beklatscht ein Feuerwerk, aber keinen Sonnenaufgang.»

– *Friedrich Hebbel*

Es gibt eine Geschichte von sechs hochbegabten Wissenschaftlern, die planten, Gott aus der Reserve zu locken. Sie waren herausragende Gelehrte und genossen in Forscherkreisen hohes Ansehen; kaum jemand konnte es mit ihnen aufnehmen. Also beschlossen sie, Gott zu einem Wettbewerb herauszufordern. Sie wollten ihm beweisen, dass auch sie in der Lage waren, Leben zu erschaffen.

So trafen sie sich gemeinsam vor Gottes Thron und sagten: «Lieber Gott, du bist für uns überflüssig geworden. Wir brauchen dich nicht mehr, denn wir haben selbst herausgefunden, wie wir Leben erschaffen können. Wir werden es dir beweisen.»

«Tatsächlich?», sprach Gott. «Dann lasst doch mal sehen.»

Die Wissenschaftler bückten sich, nahmen einen Klumpen Erde und begannen, daraus einen Menschen zu formen.

«Nein, nein, so nicht!», ließ Gott sich da vernehmen. «Wenn ihr wirklich Leben schaffen wollt, benützt dafür doch bitte euren eigenen Dreck.»

Die Wissenschaft denkt vorzugsweise in großen Dimensionen, kein Ziel ist für sie zu hoch, keine Distanz ist zu weit. Sie kann die Entfernung zu fremden Galaxien berechnen und weiß, um wie viele Zentimeter der Meeresspiegel steigt, wenn die Polkappen schmelzen. Sie kann Krankheiten heilen und das Leben verlängern. Die Wissenschaft hat besonders in den letzten beiden Jahrhunderten dafür gesorgt, dass das Leben schöner, bequemer, schmerzfreier und gesünder gestaltet werden kann. Wir verdanken ihr unglaublich viel.

Aber eines kann die Wissenschaft nicht: Sie ist nicht fähig, Leben zu erschaffen, und sie kann nicht erklären, warum wir Menschen aus der Erde gemacht sind – und warum wir irgendwann zu ihr zurückkehren. Im Buch Kohelet steht: «Denn der Staub muss wieder zu der Erde kommen, wie er gewesen ist, und der Geist wieder zu Gott, der ihn gegeben hat.»

Immanuel Kant beschreibt in seinem Buch «Kritik der reinen Vernunft», dass die Vernunft das Schicksal hat, durch Fragen belästigt zu werden, die sie nicht abweisen, aber auch nicht beantworten kann, denn sie übersteigen ihr Vermögen.

Es scheint so, als würden Glaube und Wissenschaft ständig über Kreuz liegen miteinander und andauernd in einer Art gegenseitiger Vendetta verfangen sein. Aber das müsste gar nicht sein, wenn sich beide gegenseitig achten und sie ihre eigenen Grenzen erkennen und akzeptieren würden.

Glaube alleine kann keine wissenschaftliche Erkenntnis liefern, denn Erkenntnis kommt durch das Erkennen. Ebenso kann die Wissenschaft unmöglich als Glaube verstanden werden; sie begreift sich als Wissen. Die Wissenschaft kann niemandem den Glauben ausreden, noch darf der Glaube versuchen, wissenschaftliche Erkenntnisse zu widerlegen. Wir müssen lernen, dass Glaube und Wissenschaft friedlich nebeneinander existieren können wie zum Beispiel die Sprache und die Mathematik.

Die Geschichtsbücher sind voll von bedeutenden Theologen, Wissenschaftlern, Forschern und Philosophen, die Schönheit in unsere Welt gebracht haben, indem sie Glauben und Wissenschaft, Mathematik und Sprache miteinander versöhnten.

Die Kraft der Schönheit liegt eben gerade darin, dass sie zwischen zwei Extremen und inmitten von Spannungsbögen stehen kann, ohne zu zerbrechen. Wie am Anfang dieses Buches erwähnt, ist es eine Kunst, sich zwischen dem Baum der Erkenntnis und dem Baum des Lebens aufzuhalten und dennoch die Schönheit nicht aus den Augen zu verlieren. Die Welt, in der wir leben, ist zerrissen, und der Riss geht mitten durch uns hindurch. Der eine Fetzen ist farbenfroh und steht für unsere Kindheit, der andere ist schon etwas ausgebleicht und steht fürs Erwachsensein. Als wir noch Kinder waren, redeten wir wie die Kinder, dachten wie die Kinder und hatten Vertrauen wie die Kinder. Als wir aber erwachsen wurden, taten wir, was Erwachsene tun, und streiften ab, was kindlich war – oder was uns kindlich erschien.

Obwohl das Dasein eines Kindes auf Wachstum und das Großwerden ausgerichtet ist, haben Begriffe wie «Prosperität» oder «Wohlstand» für sie noch keine große Bedeutung. Aber das ändert sich rasch nach unseren ersten Schultagen, denn da beginnt die Zeit des Messens und Vergleichens.

Wenn man Kinder im Vorschulalter fragt, wie alt sie sind, strecken sie einige Finger in die Luft, und man merkt schnell, dass sie dem Gesetz der großen Zahlen noch nicht erlegen sind. Doch bereits nach den ersten Wochen in der Schule ändert sich das schnell, denn jetzt erlernt man das Rechnen. Die «Eins» verliert bald ihren Reiz, denn man lernt die «Zehn» kennen, dann die «Hundert», die «Tausend» und dann die «Million». Man begreift schnell: Wer es im Leben zu etwas bringen will, sollte sich besser möglichst früh mit großen Zahlen beschäftigen.

Vor dem ersten Schultag gab es nur drei Tageszeiten: Morgen, Mittag und Abend. Diese nannte man nun plötzlich 7, 12 und 18 Uhr, und es gesellten sich noch weitere Stunden hinzu. Und damit nicht genug. Der Tag wurde nicht nur in 24 Stunden aufgeteilt, sondern die Stunden zusätzlich in 60 Minuten. Und dann war da noch etwas: das Erwachsenwerden! Hieß es bis anhin: «Nein, dafür bist du noch zu klein», sagten die Leute plötzlich mit ernstem Gesicht: «Du bist jetzt alt genug! Das macht man jetzt so und so!»

Hinzutun – und Weglassen. Die Erwachsenen nannten es «Addieren und Subtrahieren», und irgendwann lerntest du auch noch zu dividieren, denn der Mensch muss doch lernen, wie man teilt!

Wenn ein vierjähriges Kind Geburtstag feiert, steht ein einziges Jahr für ein Viertel seines Lebens. Unfassbar! Kein Wunder läuft die Zeit so gemächlich, wenn wir klein sind.

Wenn wir fünfzig werden, ist ein Jahr nur noch ein Fünfzigstel der eigenen Lebensspanne. Kein Wunder beginnt die Zeit immer schneller zu vergehen, je älter wir werden, denn die Jahre geben immer weniger her. Ein Viertel vom Kuchen ist eine ganze Menge, ein Fünfzigstel aber macht keinen mehr so richtig satt. Wenn wir alt werden, dividieren wir uns quasi auseinander, bis nichts mehr von uns übrigbleibt und wir dahin zurückkehren, wo wir einst hergekommen sind.

Ja, man hat uns vieles beigebracht in der Schule – und anderes hat man uns wieder abgewöhnt. Gleichzeitig sind die besonders schönen Dinge, die den Charme eines Debüts versprühen, immer weniger geworden. Zum ersten Mal schwimmen, Rad fahren, lesen, sich verlieben, gewinnen und verlieren. Aus «einem Mal» wurden «hundert Mal», aus «hundert Mal» wurden «tausend Mal», und dann kamen die «Millionen». Und mit den großen Zahlen kamen das Bekannte und die Routine.

Der Begriff «das erste Mal» besitzt die Schönheit und Leichtigkeit einer Schneeflocke, wenn sie vom Himmel fällt. Heute weiß man, dass keine Schneeflocke der anderen gleicht. Jede von ihnen ist wunderschön, jede ist einzigartig und lässt jede Swarovski-Kreation vor Neid erblassen.

Eine Schneeflocke ist ein kleines und fragiles Gebilde. Es braucht nur ein wenig Wärme, einen lauen Windhauch, und sie schmilzt dahin und verschwindet. Aber wenn Tausende Flocken zusammentreffen, besitzen sie die Macht, den gesamten Stadtverkehr lahmzulegen. Wenn sie zu Millionen vom Himmel fallen, werden ganze Flughäfen stillgelegt, kein Flugzeug steigt mehr in die Luft.

Schnee wird schnell zum Hindernis, kaum fällt er auf die Straße. Und weil man ja weiterkommen will, wird er umgehend weggeräumt, damit der Verkehr wieder pulsieren kann. Aber wer räumt eigentlich Tradition, Routine, Vertrautheit und Pünktlichkeit aus dem Weg, wenn sie zu Hindernissen werden und uns den Weg versperren zu einem schöneren Leben?

«Keine Bange, alles wird gut», sagten die Lehrer vorne an der Wandtafel, «kleine Zahlen sind nicht wichtig, es geht doch ums große Ganze!» – Wirklich?

Mathematik ist eine Sprache, die auf nichts außer auf sich selbst verweist. Sie ist universell und braucht keine Übersetzung. Mathematik braucht weder Glauben noch Schönheit, um zu funktionieren. Aber Glaube und Schönheit bilden zwei wichtige Grundpfeiler des menschlichen Daseins, und im Unterschied zur Sprache muss die Mathematik die Frage des «Seins» nicht beantworten. Unsere Umgangssprache befähigt uns, über Glauben und Schönheit zu sprechen und Antworten zu finden auf die Frage «Warum bin ich?». Die Mathematik indes bleibt einsprachig und aufs Eigene fokussiert.

Die Digitalisierung bevorzugt die Mathematik für ihren Fortschritt, und selbst eine Programmiersprache ist nicht dafür entworfen worden, um zu beschreiben, sondern bloß, um zu steuern. Wir müssen also vorsichtig sein, dass die Digitalisierung unsere Umgangssprache am Schluss nicht zerstören wird, denn dann wird auch die Frage nach dem «Sein» verschwinden.

Die Welt der Zahlen liegt im Konflikt mit der Schönheit, denn die Schönheit stellt unbequeme Fragen. Je größer die

Zahlen sind, desto mehr wird die Schönheit in ein Korsett gezwängt, damit sie vergleichbar und messbar wird.

Miguel de Cervantes schrieb: «Es ist das Vorrecht und der Charme der Schönheit, Herzen zu gewinnen.» Aber dieses Vorrecht wird verspielt, wenn der Blick sich nur noch auf das Zahlenwerk richtet. Wer zu berechnend wird, gewinnt keine Herzen mehr, sondern versucht stattdessen, seine Mitmenschen zu beeindrucken. Mit teuren Dingen, prahlerischen Autos, viel Geld und palastartigen Häusern geht man auf die Jagd nach Anerkennung. Aber das Herz selbst bleibt dabei kalt und unberührt.

Die menschlichen Sinnesorgane wurden dafür geschaffen, um zu hören, zu sehen, zu tasten und zu schmecken. Gäbe es ein Organ, mit dem man die Schönheit erkennen könnte, es hätte die Form eines Herzens.

Große Zahlen machen einsam. Wer zu viel Geld besitzt, baut um sein Grundstück eine Mauer – und um sein Herz gleich noch eine weitere dazu. Doch eigentlich mag der Mensch die Einsamkeit ja gar nicht, denn er trägt die gleiche DNA wie Adam in sich. Im Paradies zu sitzen, ist sicher wundervoll, aber all die Schönheit ganz allein genießen zu müssen, kann auch öde sein. Gott weiß das, und darum lässt er einen tiefen Schlaf über Adam kommen, entnimmt ihm eine Rippe, formt daraus seine Frau und nennt sie Eva.

Der Wunsch nach Zweisamkeit, die Sehnsucht, nicht allein zu sein, ist uns Menschen angeboren. Wir übertragen diese Sehnsucht sogar auf Alltagsgegenstände. Wir sammeln Uhren, Ringe, Schuhe, Autos und andere Dinge, die wir eigentlich zum Leben gar nicht brauchen. Je ein Gegenstand davon würde genügen. Aber da ist ein Drang in uns, Dinge zu vereinen, Leute zu vernetzen oder zu verkuppeln und Dinge so zu arrangieren, bis sie zusammenpassen.

Selbst Zahlen lassen wir nicht gerne alleine stehen. Obwohl jede Ziffer von Null bis Neun für sich selber steht und eine eigene Schönheit ausstrahlt, fällt es uns schwer, bei der Schönheit des Einzigartigen stehen zu bleiben. Darum reihen wir Ziffern aneinander, multiplizieren sie und entwerfen eine Ersatzreligion, die den Glauben an Umfang, Geschwindigkeit und Bandbreite ins Zentrum stellt.

Große Zahlen machen uns sprachlos. Sie legen unsere Sprache still und beeindrucken uns durch ihre Summe. Aber es sind eben nur Zahlen. Sie können Begriffe wie Recht, Wahrheit, Liebe, Hoffnung, Glaube oder Schönheit nicht mit Inhalt füllen.

Galileo Galilei behauptete: «Das Buch der Natur ist in der Sprache der Mathematik geschrieben.» Albert Einstein hingegen erklärte, dass in seinen physikalischen (und daher mathematischen) Denkprozessen weder Wörter noch Sprache irgendeine Rolle spielen. Selbst Skeptiker müssen folglich akzeptieren: Wo sich zwei der größten mathematischen Genies der Geschichte widersprechen, kann von Wissenschaft nicht die Rede sein.

Schönheit kann man nicht berechnen, es gibt keine Formeln für sie und keine Algorithmen. Schönheit mit dem Kopf zu erklären ist unmöglich, denn sie ist die Königin des Herzens.

Die Feinde der Schönheit sind wie die Sirenen in der griechischen Mythologie, die durch ihren betörenden Gesang die vorbeifahrenden Schiffsleute anlockten, um sie kurz darauf zu töten. «Schönheit liegt im Auge des Betrachters», rufen sie uns zu, verschweigen uns aber, dass dieser Satz eigentlich vom antiken griechischen Historiker Thukydides stammt, einem Kunstbanausen und Kriegsstatistiker, der Schönheit nicht für wichtig hielt. «Schönheit liegt im Auge des Betrachters»? Was für ein Unsinn!

Der persische Dichter Rumi schrieb im 13. Jahrhundert: «Lasst die Schönheit, die wir lieben, das sein, was wir tun.» Wenn das stimmt, was Rumi sagt, dann ist das Schöne die Erscheinung des Guten! Was schön ist, muss man lieben, und man kann die wahre Schönheit nur von der Liebe her verstehen.

Ein Mann namens Paulus schrieb etwa im Jahr 50 n. Chr. einen Brief an seine Freunde in der Handelsstadt Korinth auf dem Peloponnes. Die Stadt war ziemlich verrucht. Trinkgelage, Prostitution und ein ausschweifender Lebensstil waren an der Tagesordnung. Der Tempel der griechischen Liebesgöttin Aphrodite war bekannt für seinen Einfluss, seine Perversion und seinen Reichtum, man besaß etwa tausend Prostituierte und Sklaven. Unzählige Schiffe ankerten an den Molen und Hafenmauern unterhalb der Stadt, und Scharen von sexhungrigen Matrosen stiegen die steilen Hänge hoch, um ihren Liebeshunger zu stillen. Tausende grell geschminkte und in Netzkleider gehüllte Frauen boten ihren Körper zum Verkauf an.

Mitten in diese Partymeile hinein, auf dem Ballermann der

Antike, wo die vergebliche Suche nach Liebe und Leben in ihrer schrillsten Form zutage trat, trifft ein Brief dieses Paulus von Tarsus ein, in welchem er schreibt, was wahre Liebe wirklich bedeutet:

> Wenn ich in den Sprachen der Menschen und Engel redete, hätte aber die Liebe nicht, wäre ich dröhnendes Erz oder eine lärmende Pauke. Und wenn ich prophetisch reden könnte und alle Geheimnisse wüsste und alle Erkenntnis hätte; wenn ich alle Glaubenskraft besäße und Berge damit versetzen könnte, hätte aber die Liebe nicht, wäre ich nichts. Und wenn ich meine ganze Habe verschenkte und wenn ich meinen Leib opferte, um mich zu rühmen, hätte aber die Liebe nicht, nützte es mir nichts. Die Liebe ist langmütig, die Liebe ist gütig. Sie ereifert sich nicht, sie prahlt nicht, sie bläht sich nicht auf. Sie handelt nicht ungehörig, sucht nicht ihren Vorteil, lässt sich nicht zum Zorn reizen, trägt das Böse nicht nach. Sie freut sich nicht über das Unrecht, sondern freut sich an der Wahrheit. Sie erträgt alles, glaubt alles, hofft alles, hält allem stand. Die Liebe hört niemals auf. Prophetisches Reden hat ein Ende, Zungenrede verstummt, Erkenntnis vergeht. Denn Stückwerk ist unser Erkennen, Stückwerk unser prophetisches Reden; wenn aber das Vollendete kommt, vergeht alles Stückwerk. Als ich ein Kind war, redete ich wie ein Kind, dachte wie ein Kind und urteilte wie ein Kind. Als ich ein Mann wurde, legte ich ab, was Kind an mir war. Jetzt schauen wir in einen Spiegel und sehen nur rätselhafte Umrisse, dann aber schauen wir von Angesicht zu Angesicht. Jetzt ist mein Erken-

nen Stückwerk, dann aber werde ich durch und durch erkennen, so wie ich auch durch und durch erkannt worden bin. Für jetzt bleiben Glaube, Hoffnung, Liebe, diese drei; doch am größten unter ihnen ist die Liebe. (1. Korinther 13)

Um die Schönheit von der Liebe aus verstehen zu können, braucht Liebe eine Definition. Paulus liefert uns hier die perfekte Deutung für die Liebe und führt uns damit auch zum schmalen Pfad, der zu Schönheit und Herrlichkeit führt. Liebe braucht keine Performance – und Schönheit ebenso wenig. Wenn Liebe erkaltet, zieht sich auch die Schönheit zurück.

Denn alles beginnt im Kleinen, nicht im Großen. Wenn wir uns zuerst dem Detail zuwenden und unserem Blick gestatten, sich zu lösen von den großen Zahlen, den mächtigen Gedankengebilden und den imposanten Werken, wird etwas Schönes entstehen. Man muss im Kleinen damit beginnen, Schönheit zu schaffen und die Umgebung zu verändern. Wir können nicht hinausgehen in die weite Welt mit der Hoffnung, sie komplett zu verändern und auf den Kopf zu stellen.

Der Brief von Paulus an die Korinther war nur ein Stück Pergament für eine kleine Schar von Freunden. Und doch hat dieses Stück Papier die Jahrhunderte überdauert und gilt heute als das «Hohelied der Liebe» des Neuen Testaments. Wenn wir Gott vertrauen und uns von ihm verändern und inspirieren lassen, kann jeder von uns Dinge vollbringen, die all die Jahre und Jahrzehnte überdauern. Ein großartiger Vater oder eine hingebungsvolle Mutter zu sein, ist für jeden machbar!

Warum wollen wir die ganze Welt verändern, wenn wir

nicht einmal fähig sind, unsere kleine private Welt, in der wir leben, etwas schöner zu machen? Wenn du bemerkst, dass du ein verkümmertes, unschönes Dasein führst, dann geh hinaus in den Garten und reiß Unkraut aus. Nimm dir den ungepflegtesten Raum in deinem Haus oder deiner Wohnung vor und mach ihn mit viel Liebe zum schönsten Zimmer. Verlass die Bahnhofstoilette schöner, als du sie angetroffen hast, tue schöne Dinge nicht nur im Scheinwerferlicht, sondern vor allem da, wo dich keiner sieht!

Schönheit beginnt nicht da draußen, sondern da drinnen, bei dir, in deiner kleinen Welt, in deinem Herzen. Schönheit findet man nicht in Hollywood, sondern bei dir zu Hause vor dem Badezimmerspiegel. Magst du die Person, die dich im Spiegel anschaut? Falls nicht: Warum nicht? Was hält dich davon ab, dich selbst zu mögen? Bist du bereit, den Menschen in deinem Umfeld zu vergeben? Klar, das ist schwierig, aber es ist eben auch schön! Achtest du deine Mitmenschen höher als dich selbst? «Warum sollte man das tun?», fragst du. Weil es schön ist! Es ist nicht so schwierig, deine Welt zum Schönen hin zu verändern, denn deine Welt ist nicht groß.

Du suchst Schönheit in deinem Leben? Dann back einen Kuchen, steck eine Kerze drauf und bring ihn dem Penner, der an der nächsten Straßenecke sitzt.

Indem wir anfangen, die kleinen Dinge im Leben zu verschönern und den Winzigkeiten die gleiche Aufmerksamkeit zu schenken wie den großen Dingen, verändern wir alles um uns herum. Wenn wir Widerwärtigkeiten umgestalten und zu kleinen Kunstwerken machen, widersprechen wir dem Gesetz der Hässlichkeit und des Mittelmaßes und beginnen, in die entgegengesetzte Richtung zu marschieren.

Ein schönes Leben hat nichts mit finanziellem Reichtum zu tun, denn reich kann man nur im Herzen sein. Man kann mit Millionen unter dem Kopfkissen schlafen und dennoch eine armselige Kreatur sein. Wer ein schönes Leben führen will, muss lernen, Hässliches hinter sich zu lassen und stets das Bessere, das Schönere und das Edlere zu wählen. Und zwar in allen Belangen des Lebens.

«Schönheit wird die Welt retten», schreibt Dostojewski in seinem Buch «Der Idiot». Und wahrscheinlich hat er recht damit. Selbstverständlich kann es ins Geld gehen, stets das Schöne wählen zu wollen, aber das soll es ja auch. Viele behaupten, sie könnten es sich nicht leisten, das Bessere auszuwählen. Aber zu verzichten ist dann auch eine Lösung, und im Zweifel fährt man gut mit der Maxime: «Lieber gar nichts kaufen als Minderwertiges.» Auf das Schlechte zu verzichten, ist der bessere und am Ende meist sogar der günstigere Weg!

John Ruskin, einer der bedeutenden englischen Schriftsteller, Maler, Kunsthistoriker und Sozialphilosophen, schrieb dazu im 19. Jahrhundert:

«Es gibt kaum etwas auf dieser Welt, das nicht jemand ein wenig schlechter machen und etwas billiger verkaufen könnte. Und die Menschen, die sich nur am Preis orientieren, werden die gerechte Beute solcher Machenschaften. Es ist unklug, zu viel zu bezahlen; aber es ist genauso unklug, zu wenig zu bezahlen. Wenn Sie zu viel bezahlen, verlieren Sie etwas Geld, das ist alles. Bezahlen Sie dagegen zu wenig, verlieren Sie manchmal alles, da der gekaufte Gegenstand die ihm zugedachte Aufgabe nicht erfüllen kann. Das Gesetz der Wirtschaft verbietet es, für wenig Geld viel Wert zu erhalten, das funktioniert nicht. Nehmen Sie das niedrigste Angebot an, müssen Sie für das eingegangene Risiko etwas hinzurechnen. Wenn Sie aber das tun, dann haben Sie auch genug Geld, um für etwas Besseres zu bezahlen.»

Alles beginnt mit dem ersten Schritt! Das Schöne zu wählen ist aufwändig, aber es macht auch riesigen Spaß. Schön sein bedeutet auch, hässliche Eigenschaften und Charakterzüge, lästige Angewohnheiten und komplizierte Beziehungen zu transformieren. Und wer kann uns besser dabei behilflich sein als Christus, der Meister und Schöpfer, der alles Schöne geschaffen hat?

Es ist kein so weiter Weg dahin, und heute ist der beste Tag, um damit anzufangen.

Kein Meister hat jemals mit den ganz, ganz großen Dingen begonnen, sondern es begann in aller Regel mit dem Kleinen. Indem wir anfangen, das Geringste zu schätzen, beginnen Kultur und Schönheit rund um uns herum zu wachsen. Man wirft einen kleinen Stein in den Teich, und es entsteht ein kleiner Kreis – doch dann folgt wie von Geisterhand aus dem Nichts ein weiterer Kreis … und dann noch einer …, und am Schluss ist die ganze Wasseroberfläche voller wunderschöner Kreise.

Warum die kleinen Dinge wichtig sind

«Der erste Trunk aus dem Becher der Naturwissenschaft macht atheistisch; aber auf dem Grund des Bechers wartet Gott.»
— *Werner Karl Heisenberg (Physik-Nobelpreisträger)*

Vor 150 Jahren saß ein älterer Herr in einem Zug nach Paris und las ein Buch. Gegenüber von ihm saß ein junger Student, der – in einen Stapel wissenschaftlicher Fachliteratur vertieft – seinem Studium nachging.

Nach dem Halt in Besançon fragte der junge Mann sein älteres Gegenüber: «Guter Mann, darf ich fragen, was Sie da gerade lesen?»

«Aber natürlich», erwiderte dieser, «es ist das Wort Gottes, die Bibel.»

«Aber Sie glauben doch nicht etwa an dieses seltsame Buch mit all den lächerlichen Geschichten und Märchen?», meinte daraufhin der Junge.

Der ältere Herr erwiderte: «Natürlich tue ich das. Dieses Buch handelt von der sichtbaren und der unsichtbaren Welt. Ich habe mein ganzes Leben damit verbracht, das Unsichtbare zu erforschen, und habe herausgefunden, dass Leben immer im Kleinen entsteht, im Unsichtbaren und Verborgenen. Alles Leben, das wir sehen, hat die Ursache im von bloßem Auge

Unsichtbaren. Zudem kann Lebendiges nur aus Lebendigem entstehen.»

Der junge Student reagierte abschätzig: «Sie sollten sich lieber ein wenig mit der französischen Geschichte beschäftigen. Es ist noch nicht lange her, als die Religion in unserem Land als Illusion entlarvt wurde! Nur Kulturbanausen und weltfremde Zeitgenossen glauben noch daran, dass Gott die Welt erschaffen hat. Sie sollten mal hören, wie sich die moderne Wissenschaft zu diesen Ammenmärchen äußert.»

«Prima», sagte der ältere Herr, «wie äußert sich denn die moderne Wissenschaft dazu?»

«Leider habe ich keine Zeit, Ihnen dies im Detail zu erklären, da der Zug gerade in Dijon hält und ich hier aussteigen muss. Wenn Sie mir jedoch Ihre Visitenkarte geben, dann sende ich Ihnen einige Quellhinweise zu aktuellen wissenschaftlichen Arbeiten; Sie finden diese Art von Literatur in jeder vernünftigen Bibliothek.»

Der ältere Herr zog darauf aus seiner Aktenmappe eine kleine weiße Visitenkarte und überreichte sie dem jungen Studenten. Als dieser las, was darauf stand, verließ er mit hochrotem Kopf und wütend über sich selbst das Zugabteil und eilte davon. Auf der Karte stand: Prof. Dr. Louis Pasteur, Mitglied des Instituts École Normale Supérieure, Rue d'Ulm 45, Quartier Latin, Paris, France.

Jedes Mal, wenn wir heute den Kühlschrank aufmachen und pasteurisierte Lebensmittel konsumieren, sollten wir uns daran erinnern, dass ein genialer Wissenschaftler namens Louis Pasteur vor rund 150 Jahren die allgemein vorherrschende Meinung in den Wind schlug und daran glaubte, dass eine für das bloße Auge unsichtbare Welt existierte, die unmittelbaren Einfluss nimmt auf die Welt, so wie sie vor unseren Augen liegt.

Mit Hilfe des Mikroskops fand Pasteur heraus, dass ganze Heerscharen unsichtbarer Organismen dafür verantwortlich sind, dass Milch, Fruchtsäfte und Lebensmittel ungenießbar werden. Durch vorsichtiges Erhitzen gelang es ihm, diese zu konservieren. Das nach ihm benannte Verfahren des Pasteurisierens veränderte die Welt.

Pasteur legte mit seinen Experimenten die Grundlagen für Antisepsis und Immunologie. Er führte die erste erfolgreiche Impfung gegen Tollwut durch und erwarb sich große Verdienste in der medizinischen Mikrobiologie. Pasteur wurde aber auch als mürrischer Mensch beschrieben, argwöhnisch, rechthaberisch und chauvinistisch eingestellt. Trotz seiner sperrigen Art und dem Wissen um seine menschlichen Schwächen hat ihm die Welt seit seinem Tod vor über 120 Jahren weltweit über 30 «Pasteur-Institute» gewidmet, und allein in Frankreich tragen mehr als 2000 Straßen seinen Namen.

Von Louis Pasteur stammt folgendes Zitat: «Ein wenig Wissenschaft trennt uns von Gott. Viel Wissenschaft bringt uns Ihm näher.»

Heute ist die Wirkung von Mikroorganismen unbestritten, obwohl das Wissen darüber noch vor weniger als 150 Jahren als Unsinn galt. Der Mikrokosmos, diese Welt der winzig kleinen, unsichtbaren Dinge lag Jahrtausende lang im Bereich der Spekulationen. Es brauchte das Zusammenspiel von Objektiv und Okular, um die Optik aufs Unsichtbare offenzulegen.

Die neue Sicht auf Winzigkeiten macht es möglich, die tiefsten Geheimnisse des Mikrokosmos zu erforschen. Doch selbst heute gibt es auf diesem Gebiet immer noch unbekannte Weiten, längst ist nicht alles erforscht. Die Atome und Moleküle, aus denen unser Körper und die ganze Umwelt bestehen, können bis jetzt mit keinem Mikroskop der Welt beobachtet werden, sie sind viel zu klein.

Vielleicht wird sich auch diese Grenze irgendwann verschieben und werden neue Dinge sichtbar, die das Weltbild und unsere Erkenntnis von Grund auf verändern wollen. Aber egal, was die Wissenschaft zu Tage fördert, die Frage nach dem Sein, nach Gut und Böse, nach Glauben und Schönheit wird sie niemals beantworten können. Diese Frage hat nicht nur Louis Pasteur bewegt, sondern viele berühmte Schriftsteller, Philosophen und Gelehrte wie Fjodor Dostojewski, Leo Tolstoi, Carl Gustav Jung, Clive Staples Lewis, J. R. R. Tolkien, Nikolaus Kopernikus, Johannes Kepler, Blaise Pascal, Robert Boyle, Isaac Newton, Michael Faraday, Samuel Morse, Denis Diderot, Jean-Jacques Rousseau, um nur einige zu nennen. Wir sprechen hier nicht von ein paar religiösen Spinnern, sondern von einigen der hellsten Köpfe ihrer Zeit! Keiner von ihnen gab sich mit dem Sichtbaren zufrieden, sondern sie glaubten an das Evangelium und die Existenz einer unsichtbaren Welt.

Nur zu glauben, was man sieht, ist einfältig und kann sogar ziemlich gefährlich enden. Wer stürzt sich schon von einem Hochhaus hinunter, um zu beweisen, dass die Gravitation nicht existiert, weil sie mit bloßem Auge nicht sichtbar ist?

Die weitverbreitete Meinung lautet: «Glauben bedeutet nicht Wissen!» Ich kann mir gut vorstellen, was Leute mit dieser Aussage meinen, aber mal ehrlich: Das ist ein wirklich dummer Spruch, der gerne mal nachgeplappert wird. Dumme Sprüche verlieren spätestens auf dem Sterbebett ihre Bedeutung, denn da beginnt das Ungewisse, und es braucht in jenen Stunden eine Hoffnung, die tragfähig ist. Warum also mit der wichtigen Frage nach dem Glauben so lange zuwarten?

Die Behauptung, nach dem Tod sei alles aus, es gebe kein Leben danach, ist schlussendlich auch nur eine Annahme. Die einen glauben also an ein Leben nach dem Tod, die anderen glauben es nicht. Tatsache ist: Beide glauben!

Ich habe bei der Armee Typen kennen gelernt, die sich vor versammelter Mannschaft aufbauten wie stolze Pfauen. Sie schrien rum und machten die anderen Soldaten zur Schnecke, doch schon bei kleinen Verletzungen und Blessuren begannen sie zu wimmern und zu weinen wie kleine Kinder. Wer kennt sie nicht, die Leute, die ständig die größte Klappe haben, kaum haben sie den Raum betreten, doch schon bei der kleinsten Erkältung kippen sie um und jammern, als würde das Ende der Welt bevorstehen.

Ich habe Menschen sterben sehen, die sich mutig, friedlich und in aller Stille dem Tod ergeben haben, und andere, die im Sterbehospiz so laut schrien, dass es durch die Gänge hallte, denn die Welt hinter ihrer Fassade fiel gerade in sich zusammen, und ihre Furcht vor dem Tod jagte sogar den Gesunden Angst ein! Egal, wie stark du dich heute fühlst und wer immer du auch sein magst: Deine letzte Stunde wird irgendwann schlagen, und dann wird der Satz «Glauben bedeutet nicht Wissen!» ziemlich bedeutungslos!

Jesus hat keinen Unterschied gemacht, wenn es um die kulturelle Stellung, den sozialen Status, den intellektuellen Hintergrund oder die ethnische Herkunft eines Menschen ging. Er richtete seinen Blick gleichermaßen auf Reiche, Arme, Sieger und Verlierer. Er sprach zu Königen, Bettlern und Hofnarren. Mit den Schriftgelehrten legte er sich ebenso an wie mit der herrschenden Elite. Er ermutigte Menschen, die in der Gesellschaft als das letzte Pack galten, Gott zu vertrauen, denn in seinem Reich würden die Letzten die Ersten sein. Zu den Leuten, die in geistlicher Armut lebten, denen Theologie und Wortklaubereien keinen Eindruck mehr machten, sprach er: «Ihr seid die wahren Seligen.» Hier begegnet uns eine Form von Schönheit, die jeden Menschen mit einschließt!

Es ist verlockend, stets den Blick auf die Großen und Starken in dieser Welt zu richten, aber die Schönheit verströmt ihren Zauber meistens bei den unbedeutenden, den elenden und den ungeliebten Menschen. Sie schwimmen nicht im seichten Wasser, nah am Strand, sondern sie tauchen weiter draußen, dort, wo die See rau ist und wo hungrige Haie, Quallen und Oktopusse warten. Dort draußen ist das Meer lebendig, aber eben auch gefährlich. Die unterdrückten, ungehörten und unentdeckten Menschen schwimmen durchs Leben und sind ständigen Angriffen ausgesetzt, darum scheitern auch so viele. Jede und jeder von ihnen hat eine große Geschichte zu erzählen, die genügend Substanz besitzt, um gehört werden zu müssen; leider werden sie jedoch niemals auf einer Bühne sprechen dürfen. Sie schaffen es nicht mal in den Backstage-Bereich.

Nach Hunderten von Kongressen, Vorträgen und Konferenzen kann ich mich nicht ein einziges Mal daran erinnern, dass jemand auf der Bühne stand, der auf der Straße lebt. Auf der Bühne stehen meist Leute mit großem Ego, aber eher kleinen Herzen. Warum hören wir ihnen so gerne zu? Warum lassen wir uns so schnell blenden von Experten, Maulhelden und Theoretikern?

In Davos treffen sich anlässlich des World Economic Forums WEF jeden Winter die Chief Executives dieser Welt. Sie langweilen sich gegenseitig auf ihren teuren Plätzen, und außer den großen Uhren an ihrem Handgelenk sind sie kaum dazu im Stande, etwas Gescheites aufzuziehen. Dennoch hört ihnen die ganze Welt gähnend zu, obwohl doch jeder merkt, diese Leute werden nie etwas verändern außer der Summe auf ihrem Konto.

Schönheit braucht keine Bühne und keine Scheinwerfer, denn das echte Leben ist grell genug. Glamour richtet das Flutlicht immer auf Personen, die über ihr Fachgebiet zwar viel, über das wirkliche Leben und wahre Herzensbildung aber nur wenig zu berichten haben. Ich habe eine große Anzahl bedeutender Künstler, Leader und Persönlichkeiten kennen gelernt. Viele von ihnen waren auf der Bühne eloquent und einnehmend und legten einen imposanten Auftritt hin. Aber *backstage* waren viele von ihnen wie kleine verunsicherte Kinder, stets darauf bedacht, dass ihre Maske nicht verrutscht.

Der technische Fortschritt der letzten beiden Jahrhunderte hat dazu geführt, dass wir konstant die Grenzen der menschlichen Möglichkeiten verschieben. Wir tauchen ab in die tiefsten Abgründe des Meeres und finden dort die eigenartigsten Lebewesen. Wir erforschen neue Galaxien, Lichtjahre von uns entfernt, und programmieren Algorithmen, die das Wetter auf Wochen hinaus vorhersagen. Der Fortschritt schreitet unaufhaltsam voran und verspricht uns eine schöne neue Welt. Aber irgendwie wissen wir: «Da ist etwas faul in unserer Mitte!»

Aldous Huxley beschrieb bereits 1932 in seinem dystopischen Roman «Schöne neue Welt», dass irgendetwas aus dem Ruder läuft. Unser Glaube an die Technik und den Fortschritt macht uns blind für den Tod, für das Böse und für das Leid, das in dieser Welt herrscht. Wenn eine Gesellschaft diese drei Begriffe ausblendet und ständig so tut, als seien der Tod, das Böse und das Leid nichts anderes als ein Dreiklang aus dem Mittelalter, dann erschafft sie eine Welt voller Illusionen; eine Schattenwelt, die mit der Wirklichkeit rein gar nichts zu tun hat.

Der große Baptistenpastor und Erweckungsprediger Billy Graham sagte einst in einem seiner Vorträge: «Viele Länder dieser Erde sind heute in Kriege oder bewaffnete Konflikte verwickelt. Es gibt Millionen von Soldaten, die jederzeit bereit sind, in den Krieg zu ziehen. Aber warum? Warum gibt es in einer modernen und aufgeklärten Welt überhaupt noch Kriege? Warum streiten wir selbst in unseren Familien und mit unseren Liebsten? Warum kämpfen so viele mit ihren selbstzerstörerischen Gewohnheiten und kommen nicht davon los?

Sogar die brillantesten Köpfe der Welt sind unfähig, diese Dinge für uns zu lösen. Was könnten die klügsten Köpfe der Welt erfinden, damit der Mensch nicht mehr lügt, betrügt und stiehlt? Am Arbeitsplatz, im Sport, in der Ehe. Das Problem dafür liegt mitten in uns. In unserem Herz und in unserer Seele.»

Beim Anschlag vor zwei Jahren in Nizza fuhr der Attentäter auf der Seepromenade mit einem Lastwagen durch die Menschenmenge. Mindestens 86 Personen wurden getötet und mehr als 400 zum Teil schwer verletzt. Es war simple Technologie, die der Attentäter verwendet hat. Das Problem ist also nicht die Technik. Es ist der Mensch, der sie für sich benutzt.

Wenn im 21. Jahrhundert die Wissenschaft immer noch keine Antworten findet auf die Frage, warum immer noch so viele Menschen durch Konflikte sterben: Weshalb suchen wir dann die Antworten nicht bei dem, der den Tod überwunden hat, nämlich bei Jesus Christus?

Keine Universität der Welt kann uns beantworten, warum wir hier sind und was wir hier tun. Wir leben in einer Generation, in der das Wort «Tod» ein absolutes Tabu darstellt. Alle tun so, als ob der Tod zum Leben nicht dazugehöre und losgekoppelt werden könne. Die meisten Menschen leben so, als würden sie nie sterben. Die Technologie gaukelt ihnen vor, dass sie unsterblich sind. Aber der Tod ist unausweichlich, wir alle werden einmal nicht mehr hier sein.

Die Technik hat viele bemerkenswerte Errungenschaften hervorgebracht, welche die Gesundheit unterstützen, Gebrechen lindern und Krankheiten heilen. Und dennoch leiden wir alle an einer tödlichen Krankheit. Sie heißt … Vergänglichkeit!

Es gibt Menschen, die behaupten, Schönheit sei vergänglich, aber das stimmt nicht. Echte und wahre Schönheit ist unvergänglich. Selbst wenn wir alt werden, die Haare verlieren, Falten kriegen und äußerlich zerfallen, werden wir die Schönheit, die wir in dieser Welt geschaffen haben, hinübertragen in die neue Welt. Denn wer glaubt, dass er sät in Vergänglichkeit, der wird auferweckt werden in Unvergänglichkeit. Wer glaubt, dass er sät in Unehre, der wird erweckt in Herrlichkeit. Wer erkennt, dass er in Schwachheit sät, wird erfahren, dass er auferweckt wird in Kraft. Denn unser natürlicher Leib wird vergehen, damit der geistliche Leib auferstehen kann.

Das wahrhaft Schöne bleibt für das Auge unsichtbar. Vielleicht ist es sogar so, dass jedes Mal, wenn echte Schönheit im Herzen eines Menschen als solche erkannt wird, irgendwo draußen im Universum ein neuer Stern entsteht.

Mont-Saint-Michel

«Wir wurden durch Christus gerettet, bevor wir durch Adam verloren gingen.»
– Gedankenspiel beim Reflektieren von Römer 5

An einem lauwarmen Septembernachmittag ging ich bei der Felseninsel Mont-Saint-Michel im Wattenmeer der Normandie auf eine ausgedehnte Wanderung. Bei Ebbe zieht sich das Meer an dieser Stelle bis zu fünfzehn Kilometer zurück und gibt eine atemberaubende Landschaft frei, die an Schönheit kaum zu überbieten ist.

Ich informierte mich zuvor über die Gezeiten und um welche Uhrzeit man die Flut erwartete. In der Bucht sind schon viele Menschen ertrunken, weil sie Ebbe und Flut falsch einschätzten und vom Wasser überrascht wurden. Die Normannen munkeln, dass die Flut bei Le Mont-Saint-Michel so schnell in die Bucht zurückkehrt, wie Pferde im Galopp das tun.

Ich zog meine Wachsjacke und die Gummistiefel an und stieg bei Ebbe über einige Felsbrocken hinab auf den sandigen Grund des Wattenmeers.

Das feuchte Watt unter den Füßen knirschte bei jedem Schritt, und der Boden gab nach, so als würde man über eine halb aufgeblasene Luftmatratze gehen. Ich blickte zurück, in der Ferne glitzerte die goldene Statue des Erzengels Gabriel in der Sonne. Sie thront auf der Turmspitze der Abtei, die im 7. Jahrhundert auf der kleinen zerklüfteten Insel im Atlantik erbaut wurde.

Nachdem ich einige Kilometer gelaufen war, blickte ich vor mir auf den Boden und entdeckte vor meinen Füßen eine dickwandige schmutzige Glasflasche. Ich hob sie auf. Algen hatten das weiße Glas hellgrün verfärbt, und sie war gefüllt mit einer dicken modrigen Flüssigkeit. Der Inhalt roch faulig. Ich hielt die Flasche in den Händen und wägte ab, ob es wohl ein kostbarer Fund war oder ob ich sie gleich wieder zurück in den Schlick legen sollte, wo sie dann weitere Jahrzehnte herumdümpeln würde.

In einem kleinen Salzwasserbecken, das die Ebbe im Sand zurückgelassen hatte, spülte ich die Flasche gründlich aus, reinigte sie mit Wasser und rieb sie mit Sand ab, bis sie innen und außen sauber war. Ihre Oberfläche war angeraut und stumpf, dennoch war sie einzigartig und wunderschön anzusehen. Sie schimmerte in der Sonne, und ihre unregelmäßige Form deutete darauf hin, dass es eine alte Flasche war, also aus der Zeit vor der industriellen Fertigung.

Ich war ganz stolz auf mein kleines Fundstück. Ich tauchte die Flasche nochmals in den kleinen Salzsee und füllte sie mit Meerwasser, denn ich wollte einen Teil von diesem unvergesslichen Herbsttag in der Baie du Mont-Saint-Michel als Erinnerung mit nach Hause nehmen.

Als ich von meinem langen Spaziergang zurückkehrte, ging ich zum Hotel und ließ mir einen Korkzapfen geben, damit verschloss ich das gläserne Juwel. Danach legte ich die Flasche unter den Kofferraumboden zum Reserverad, wo sie sicher aufbewahrt schlummern durfte.

Wie sich erst später herausstellte, habe ich sie nach dem Urlaub da vergessen, und es sollte Jahre dauern, bis ich sie per Zufall wiederentdeckte. Ich räumte nämlich den Wagen aus, bevor ich ihn zum Schrotthändler fuhr, und stieß beim Entrümpeln des Kofferraums auf meinen kostbaren Fund aus der Normandie. Die Flasche musste inzwischen einige Jahre dagelegen haben.

Voller Freude nahm ich sie in die Hand, drehte mit aller Kraft den Zapfen heraus und hielt sie an die Nase. Der Inhalt roch nach Salz und Meer und wunderbaren Erinnerungen. Auf dem Flaschenboden hatte sich ein Sediment aus Sand gebildet, sogar eine winzig kleine Muschel hatte sich im Bodensatz verirrt.

Es war lange her, dass ich einen winzigen Teil des Atlantiks in eine Flasche gefüllt hatte, doch noch Jahre später enthielt sie alles, was im Meer vorhanden ist: Wasser, Salz, Plankton, Sandpartikel und sogar den Geruch des weiten Meeres. Ich erinnerte mich zurück an den sonnigen Nachmittag beim Mont-Saint-Michel, und die ganze Schönheit, die ich damals empfand, kehrte in einem Augenblick zurück. Ich hielt einen Teil des Atlantiks in meinen Händen – und mit ihm die ganze Schönheit jenes sonnigen Nachmittags. Die Bilder der Insel, der Abtei und vom goldenen Engel Gabriel auf der Kirchturmspitze – sie alle kehrten zurück in meine Erinnerung.

Vom persischen Dichter Rumi stammt das bekannte Zitat:

«Du bist nicht ein Tropfen im Ozean, du bist ein gesamter Ozean in einem Tropfen.» Dieser Satz erhielt für mich an diesem Tag eine ganz besondere Bedeutung. Ich hatte die Flasche zum zweiten Mal gefunden, und nun bedeutete mir der Fund sogar noch mehr.

Diese Geschichte ist für mich wie ein Gleichnis für das, was passiert, wenn Gottes Schönheit unser Leben erfüllt. Das Herz des Menschen kann unmöglich Gottes ganze Schönheit fassen, aber wenn wir von seinem «Schön-Sein» erfüllt werden, werden wir voll sein mit allem, was darin enthalten ist und woraus die Schönheit im Grunde besteht.

Selbst wenn wir wieder verloren gehen oder uns einsam fühlen, dürfen wir damit rechnen, dass Gott uns wiederfindet und bei uns ist. Denn Christus hat uns gefunden, noch bevor wir in Adam verloren gingen. Er kennt unseren Wert, auch wenn wir ihn selber nicht (mehr) kennen. Mag das Leben noch so viel Schlick und Unrat in unsere Herzen spülen, mag unser Wert in der Welt noch so unbedeutend sein, Jesus kennt die Form unseres Herzens. Er befreit unser Leben vom Unrat und von dem ganzen unnützen Krempel und verströmt den Duft der Ewigkeit, der seit jeher durch unsere Seele weht. Er sieht das Kostbare in allen Menschen, vor allem in jenen, die von der Gesellschaft verstoßen oder weggeworfen wurden, die nutzlos vor sich hinvegetieren und in Vergessenheit geraten sind.

Vielleicht hast auch du dich eines Tages von ihm finden lassen, aber deine Lebensreise führte dich weg vom «Leben mit ihm» und wieder mitten hinein in die Betriebsamkeit und in die Sorgen des Alltags. Dein Glaube ist da gelandet, wo sich die Ersatzreifen befinden, die nur im Notfall zum Einsatz kommen, wenn nichts anderes mehr geht. Das ist normal, denn der Glaube allein verliert schnell an Kraft, wenn er nicht von der Schönheit Gottes angestrahlt wird. Schönheit muss ausgegraben, entdeckt und hervorgeholt werden.

Im zweiten Jakobusbrief steht: «Glauben ohne Werke ist tot.» Wenn aber der Glaube gestärkt wird durch schöne Werke, wird er lebendig, egal, wie lange er im Schlick der Religion oder neben dem fünften Rad im Wagen gelegen hat. Viele Christen denken, dass der Glaube allein selig macht, doch dies entspricht nicht der Wahrheit. Der Glaube wird nur durch schöne Taten lebendig, sonst bewirkt er nicht mehr als ein leerer Segenswunsch, mit dem man jemanden abzuwimmeln versucht, anstatt ihm zu helfen.

> Was hilft's, Brüder und Schwestern, wenn jemand sagt, er habe Glauben, und hat doch keine Werke? Kann denn der Glaube ihn selig machen? Wenn ein Bruder oder eine Schwester nackt ist und Mangel hat an täglicher Nahrung und jemand unter euch spricht zu ihnen: Geht hin in Frieden, wärmt euch und sättigt euch!, ihr gebt ihnen aber nicht, was der Leib nötig hat – was hilft ihnen das? So ist auch der Glaube, wenn er nicht Werke hat, tot in sich selber.
> Aber es könnte jemand sagen: Du hast Glauben, und ich habe Werke. Zeige mir deinen Glauben ohne die Werke, so will ich dir meinen Glauben zeigen aus meinen Werken. Du glaubst, dass nur einer Gott ist? Du tust recht daran; die Teufel glauben's auch und zittern.

Willst du nun einsehen, du törichter Mensch, dass der Glaube ohne Werke nutzlos ist? Ist nicht Abraham, unser Vater, durch Werke gerecht geworden, als er seinen Sohn Isaak auf dem Altar opferte? Da siehst du, dass der Glaube zusammengewirkt hat mit seinen Werken, und durch die Werke ist der Glaube vollkommen geworden. So ist die Schrift erfüllt, die da spricht (1. Mose 15,6): «Abraham hat Gott geglaubt und das ist ihm zur Gerechtigkeit gerechnet worden», und er wurde «ein Freund Gottes» genannt (Jesaja 41,8). So seht ihr nun, dass der Mensch durch Werke gerecht wird, nicht durch Glauben allein. Desgleichen die Hure Rahab: Ist sie nicht durch Werke gerecht geworden, als sie die Boten aufnahm und sie auf einem andern Weg hinausließ? Denn wie der Leib ohne Geist tot ist, so ist auch der Glaube ohne Werke tot.

Jakobus 2,14–26

Lebenszeichen

«Wenn zwei Knaben je einen Apfel haben und sie diese Äpfel tauschen, hat am Ende auch nur jeder einen. Wenn aber zwei Menschen je einen Gedanken haben und diese tauschen, hat am Ende jeder zwei neue Gedanken.»

– Platon

Palm Springs ist eine Stadt im Coachella Valley, ca. 180 Kilometer von Los Angeles entfernt. Die Spanier nannten den Ort «La palma de la Mano de Dios» (zu deutsch: Die Handfläche Gottes).

Es war im Jahr 1994, als wir der spätherbstlichen Kälte in der Schweiz entflohen sind und in der Wüstenstadt unseren Sommer unter der kalifornischen Sonne verlängerten. Es war richtig heiß! Nachts war es im Zimmer so schwül, dass selbst die Klimaanlage Mühe hatte, erträgliche Temperaturen in den Raum zu zaubern. Wir schwitzten wie die Weltmeister. Zum Glück stand draußen im Hotelflur ein Getränkeautomat, der wunderbar kalte Cola-Dosen ausspuckte – man musste nur die richtige Menge Quarter-Dollar-Münzen oben reinwerfen, und schon machte es «Zä-däng», und unten rumpelte eine Dose raus. Eine perfekte Transaktion, ein paar Münzen im Tausch gegen eine erfrischende Cola. Einfacher geht's nicht.

Auch meine Theologie funktionierte zu jener Zeit so ähnlich. Gott war damals für mich ein Gott der Transaktion, und meine Beziehung zu ihm funktionierte so ähnlich wie dieser Cola-Automat. Du wirfst etwas rein, und du kriegst etwas raus. Du gibst dir Mühe – und kriegst was Schönes dafür zurück. Du versuchst, ein anständiges Leben zu führen – und erhältst im Gegenzug einen erfrischenden Segen. Transaktion ist eine prima Sache, dachte ich. Man bleibt sich gegenseitig nichts schuldig, und wenn das Leben mal eine Dose verschluckt, poltert man einfach wütend dagegen, bis das, was man will, doch noch unten rauskommt.

Eine Hand wäscht die andere, und was wäre perfekter gewesen, als mein geistliches Defizit ein wenig aufzupolieren mit theologischer Literatur, welche ich nach «La palma de la Mano de Dios» mitschleppte. Ein paar religiöse Münzen in Form von trockener Theologie in die «Handflächen Gottes» gedrückt – und dann mal schauen, was er mir im Gegenzug dafür rausgibt …

Es sollte anders kommen. Ich hatte unter anderem das Buch eines evangelischen Theologen und Journalisten namens Mike Yaconelli dabei. Ich erinnere mich nicht mehr vollumfänglich an den Inhalt, aber eins weiß ich heute noch: Das Buch war der Hammer und hat mich umgehauen. Mit jeder Seite rutschte meine religiöse Maske etwas tiefer, und nach zwei Tagen war nicht nur das Buch zu Ende, sondern auch ich war fix und fertig, zumindest mit meiner Theologie.

Ich hatte jahrelang gelernt, dass das Evangelium grundsätzlich eine frohe und freimachende Botschaft sei, solange sie mit der örtlich vorherrschenden Theologie nicht im Konflikt stand. Und Konflikte gab es mehr als genug. Der konfessionelle Permafrost, der sich seit Jahrhunderten über den Denominationen festgesetzt hatte, war hartnäckig und eisig kalt. Ich erinnere mich an ein Antrittsgespräch bei uns im Verlag, als ein evangelikaler Verleger mir mitteilte, dass ich mit meiner Einstellung zum Glauben direkt in der Hölle landen würde, denn charismatisch orientierte Christen seien Gefährten des Teufels und er (der Verleger) würde sich bereits jetzt darauf freuen, mich in der Ewigkeit schmoren zu sehen. So zumindest lautete seine Version der frohen und freimachenden Botschaft. Mit derselben Zunge, mit der er Gott beim Tischgebet fürs Essen dankte, verfluchte er mich in alle Ewigkeit.

Mike Yaconelli beschrieb in seinem Buch all die hässlichen Dinge, welche unter Christen gang und gäbe sind, und sprach darüber, wie sich die Kirche wegen der unterschiedlichen Lehrauffassungen über die Jahrhunderte immer mehr zersplitterte und Christen sich gegenseitig mit ihrer Cola-Automaten-Theologie erschlugen: «Warum soll ich denn meines Bruders Hüter sein? Ich habe meine eigene Theologie, die für mich einwandfrei funktioniert!»

Da saß ich also, mitten im heißen Palm Springs, und weil sich im trockenen Wüstenklima die Dinge offenbar gut konservieren, hat mich das Thema «Transaktion» nicht mehr losgelassen.

Ich fand die erste Erwähnung von Transaktionstheologie im ersten Buch Mose in einer Geschichte über einen Schafhirten und einen Ackerbauern. Sie endete nicht gut! Oder doch?

Ein Hirte lag unter einem Baum, beobachtete seine Schafe

und freute sich daran, wie seine Herde ständig größer wurde. Er machte es sich tagsüber oft bequem im Schatten, schnitt den Tieren abends die Klauen, scherte ihre Wolle und stand nachts bei den Muttertieren, wenn sie neue Schäfchen zur Welt brachten.

Sein Bruder, ein Ackerbauer, hatte einen härteren Beruf gewählt. Er mühte sich den ganzen Tag ab unter der glühend heißen Sonne und pflanzte Getreide und Früchte und bewässerte die trockenen Felder.

Eines Tages beschlossen die beiden, Gott Geschenke zu bringen. Kain, so der Name des Ackerbauers, trug einen Teil der Früchte, die er mühsam dem kargen Boden abgerungen hatte, unter dem Arm und legte sie vor Gott hin. Abel, der Schafhirte, brachte ein paar seiner besten Schäfchen mit, die Erstlinge seiner Schafherde, und trieb sie vor Gottes Füße. Dann legte er noch etwas kostbares Schaf-Fett hin, aus dem man Kerzen, Kosmetik und auserlesene Salben herstellen kann.

Wer einmal das Vergnügen hatte, kleinen Schafen beim Herumtollen zuzusehen, kann vielleicht verstehen, warum Gott dem Opfer von Abel mehr Bedeutung zukommen ließ als den Früchten, die Kain hinstellte. Was auch immer Gottes Beweggründe waren, auf alle Fälle schenkte er den Schafen mehr Aufmerksamkeit als den Früchten, ja, er schaute das Geschenk von Kain nicht einmal an.

Kain hatte erwartet, dass er für seine Gabe im Gegenzug von Gott etwas erhielt, zumindest einen wohlwollenden Blick auf seine Früchte. Doch da kam nichts. Gott hat sich nicht auf eine Transaktion mit Kain eingelassen, denn er kannte sein

Motiv bereits im Voraus. Abel brachte etwas Lebendiges, das Gott einfach besser gefiel, wie das so oft der Fall ist bei Geschenken. Kain dachte: «Ich schenk dir was, und du sagst mir gefälligst Danke!» Und Gott dachte: «Heute leider nicht, lieber Kain, denn ich habe gerade keine Lust, mit dir Feiertags-Celebration und Geschenke-Auspacken zu spielen, zudem ist Abel heute einfach entspannter drauf.» Darum freute sich Gott über Abels Geschenk und ließ den Früchtekorb links liegen.

Kain passte das nicht in den Kram, darum senkte er grimmig und mürrisch seinen Blick in Richtung Boden und heckte einen Plan aus, wie er seinen Bruder, der den ganzen Tag nur im Schatten rumlag und seine Herde beobachtete, am besten loswerden könnte. Also lockte er ihn aufs Feld hinaus und schlug ihn tot.

Es ging nicht lange, da kam Gott zu Kain und sprach: «Hey Kain, wo ist dein Bruder?»

«Keine Ahnung, was willst du von mir? Soll ich denn meines Bruders Hüter sein?»

Gott antwortete: «Die Stimme seines Blutes schreit zu mir vom Erdboden her, nun ist der Boden verflucht und wird dir künftig seinen Ertrag verweigern, und du wirst ruhelos vor dir selber flüchten. Denkst du, das war eine gute Idee mit dem Töten?»

Da wurde Kain sich seiner Schuld bewusst, und er begann zu wimmern: «Du vertreibst mich also heute von hier, und nun muss ich mich vor dir verbergen. Die ganze Welt wird davon erfahren, und man wird mich totschlagen, sobald man mich findet!»

Und was tat Gott? Gott machte an ihm ein Zeichen, das ihn davor bewahrte, erschlagen zu werden: das Kainsmal! Es ist die erste Geschichte in der ganzen Bibel, wo etwas gezeichnet wird – die erste Zeichnung überhaupt! Ein Motiv, ein Tattoo, ein Abdruck, ein Bild, ein Piercing? Wir wissen es nicht. Besonders religiöse Menschen werden denken, es sei vielleicht ein Schandmal gewesen. Doch das war es nicht. Es war ein Lebenszeichen! Gott wollte nicht, dass Kain umkommt und stirbt, nein, er sollte leben! Und seine Nachkommen sollten Künstler, Flötenspieler, Instrumentenbauer und Eisenschmiede werden, die nicht Pfeile, Schwerter oder den Tod in die Welt bringen sollten, sondern Schönheit, Kunst, Musik und Skulpturen.

Das Zeichen, das Kain auf sich trug, wurde nicht zum Zeichen für einen Mörder, sondern das Zeichen eines Lebendigen. Ein Lebenszeichen für seine Nachkommen und ein Synonym für die Kunst und Schönheit in dieser Welt. Dies ist keine Theologie der Transaktion. Denn Transaktion bedeutet: «Wie du mir, so ich dir! Auge um Auge, Zahn um Zahn. Du nimmst von mir, dann nehme ich von dir. Ein paar Quarter-Dollar für dich, eine kalte Cola für mich.»

Gott ist kein Gott der Transaktion, sondern ein Gott der Transformation. Er kann Schlechtes in Gutes verwandeln! Er rächte den Mord an Abel nicht durch einen weiteren Tod, sondern er gibt Kain ein Zeichen für neues Leben und eine neue Zukunft. Kain fand eine Frau und zeugte Kinder mit ihr. Er erbaute eine Stadt, und einige seiner Söhne wurden Viehzüchter, andere Musiker und Meister in der Herstellung von Erz, Eisenwerk und Kunsthandwerk.

Unter den Konsequenzen von Kains Mord an seinem Bruder leiden wir Menschen noch heute, denn wir haben uns vom Angesicht Gottes abgewandt und können ihn mit unseren Augen nicht sehen. Auch der Ackerboden – besser gesagt: die heutige Arbeitswelt – verweigert vielen Menschen den Ertrag. Durch Kains Blutschuld wurde der Boden verflucht, jedoch nicht die Früchte, die er hervorbringt. Und in ferner Zukunft würde einer kommen, der die Menschen von diesem Fluch befreit, indem er selbst für uns zum Fluch wird: Jesus! Sein Zeichen würde die Form eines Kreuzes tragen, ursprünglich dafür ausgedacht, um Menschen zu martern und zu töten als Strafe für ihre Taten. Doch er würde es zum schönsten Zeichen machen, das die Menschheit je gesehen hat.

Bildersturm

«Der beste Lügner ist der, der mit den wenigsten Lügen am längsten auskommt.»

– Samuel Butler

Ein Künstler besorgt sich Leinwand, Staffelei und Ölfarbe und malt das Bild einer wunderschönen Frau. Sie ist in ein edles Gewand gehüllt, und über ihrem dunklen Haar zeichnet er einen hübschen Schleier. Wenn er unter ihre Füße den Namen «Maria» schreibt, wird das Bild von den Katholiken verehrt. Schreibt der Künstler den Namen «Katharina Luther» hin, kauft es ein protestantischer Pfarrer und hängt es in sein Arbeitszimmer. Pinselt der Maler «Melania Trump» darunter, werden 80% der weißen evangelikalen Amerikaner das Bild mögen.

Es handelt sich um ein und denselben Maler, die gleiche Leinwand und die gleichen Farben, sogar um ein und dieselbe Frau. Aber je nach Bildlegende wird das Bild für die einen attraktiv und für die anderen abstoßend sein.

Wir Menschen können uns nicht vorstellen, welch unermesslicher Schaden entstanden ist durch den Bildersturm, jener Begleiterscheinung der Reformation des 16. Jahrhunderts. Dieser Raub der Schönheit wurde auf die Weisung reformatorischer Theologen und Kirchenführer befohlen, und mit riesigem Eifer wurden Bilder und Darstellungen Christi, Gemälde und Skulpturen aus den Gotteshäusern verbrannt, zerstört oder verkauft. Es traf ganze Dörfer und Städte auf dem europäischen Festland, hauptsächlich in Deutschland, der Schweiz, den Niederlanden, aber auch in Schottland.

Die Ikonoklasten, wie man die Bilderstürmer nennt, beriefen sich auf das erste der zehn Gebote im zweiten Buch Mose 20,4: «Du sollst dir kein Bildnis noch irgendein Gleichnis machen, weder von dem, was oben im Himmel, noch von dem, was unten auf Erden, noch von dem, was in den Wassern unter der Erde ist.»

In den Psalmen steht, dass die Summe von Gottes Wort die Wahrheit ist. Leider haben viele Eiferer immer wieder den gleichen Fehler begangen, indem sie schwierige und unverständliche Stellen der Bibel als unwichtig abgetan haben. Wenn wir ehrlich sind, passiert dies auch uns ziemlich schnell. Schöne Stellen in der Heiligen Schrift, die uns eine segensreiche Zukunft in Aussicht stellen und von unseren Vorrechten als Christen sprechen, sind einfacher anzunehmen als Stellen, die unser Gewissen treffen.

Es gibt viele Menschen, die unter falschen Vorstellungen zerbrechen und vor einem geistlichen Scherbenhaufen stehen, weil sie die Bibel selektiv lesen und Stellen aus dem Zusammenhang reißen. Wenn der Mensch einen Text nicht versteht, neigt er dazu, ihn zu interpretieren. Doch das wird dem Text und der Sache, von der die Bibel spricht, nicht gerecht. Das ist insbesondere dann tragisch, wenn Vordenker sich in die Rolle des Übersetzers zwängen und ihre eigenen Traditionen, Dogmen und Wortklaubereien mit Schriftstellen rechtfertigen, die beliebig und zusammenhangslos aus dem Kontext gezogen worden sind.

Viele Menschen haben sich vom Christentum abgewandt, weil das Alte Testament ihrer Meinung nach ein blutrünstiges Werk voller Krieg, Mord, Gewalt und Vertreibung ist. So ein Gespräch mit ihnen kann dann schwierig und unangenehm sein. Aber nun, die (von uns zumindest so interpretierten) Widersprüche, welche wir in der Bibel finden, dürfen wir nicht vom Tisch wischen, sondern wir müssen uns ihnen stellen.

Es wirkt zum Beispiel wie ein Widerspruch, wenn Gott in 2. Mose 20.4 sagt: «Du sollst dir kein Bildnis noch irgendein Gleichnis machen, weder von dem, was oben im Himmel, noch von dem, was unten auf Erden, noch von dem, was in den Wassern unter der Erde ist.» Und nur wenige Kapitel weiter hinten in 2. Mose 25,18 lesen wir dann: «Dann sollen zwei Keruben aus massivem Gold geschmiedet werden, die an den beiden Enden der Deckplatte stehen. Die Platte und die beiden Figuren sollen aus einem Stück gearbeitet sein.»

Auf der einen Seite verbietet Gott den Menschen also die Schaffung von Bildern und Kunst, auf der anderen Seite gibt er ihnen eine Anleitung, wie man eine Bundeslade herstellt mit Engelsfiguren (Keruben) darauf. Für mich klingt das nicht unbedingt deckungsgleich.

Oder im Buch der Könige wird im siebten Kapitel beschrieben, wie der Tempel gebaut wurde und wie Eckleisten mit Bildern von Löwen, Rindern, Cherubinen und Kranzgewinden verziert wurden. Klingt das nicht nach einem Widerspruch? Wie kann es sein, dass Gott auf der einen Seite Bilder verbietet, auf der anderen Seite aber den heiligen Tempel von den besten Kunsthandwerkern dekorieren lässt, die im Land überhaupt nur zu finden sind?

Wir müssen damit leben, dass es scheinbare Widersprüche gibt in der Bibel. Es bringt nichts, sie zu leugnen.

- In 1. Mose 1,25–27 wird der Mensch *nach* den Tieren geschaffen, in 1. Mose 2,18–19 *davor*.
- Wie viele von den reinen Tieren sollte Noah in die Arche mitnehmen? In 1. Mose 7,2 und in 1. Mose 7,8–9 spricht Gott von einer unterschiedlichen Anzahl.
- Sollen Kinder nun für die Sünden ihrer Väter büßen wie in 2. Mose 20,5 – oder eben doch nicht, so wie es in Hesekiel 18,20 geschrieben steht?
- Hatte Absalom drei Söhne, wie es in 2. Samuel 14,27 dargestellt wird – oder keinen wie in 2. Samuel 18,18?

Diese Liste wäre lang, würde man sie fortführen, denn die scheinbaren Widersprüche in der Bibel sind zahlreich. Es mag sein, dass es Schriftgelehrte gibt, die das leugnen, indem sie die Widersprüche aufteilen in substanziell, kontextuell, formell oder grundlegend. Aber für mich bleibt eine Katze eine Katze, egal, ob sie Tixie, Tammy oder Tabasco heisst.

Der bekannte britische Biologe, Atheist und Buchautor Richard Dawkins strapaziert die Geduld von vielen Gläubigen, indem er wütend schreibt:

«Der Gott des Alten Testaments ist – das kann man mit Fug und Recht behaupten – die unangenehmste Gestalt in der gesamten Literatur: Er ist eifersüchtig und auch noch stolz darauf; ein kleinlicher, ungerechter, nachtragender Überwachungsfanatiker; ein rachsüchtiger, blutrünstiger ethnischer Säuberer; ein frauenfeindlicher, homophober, rassistischer, Kinder und Völker mordender, ekliger, größenwahnsinniger, sadomasochistischer, launisch-boshafter Tyrann.»

Der Vorwurf sitzt! Was hat dazu geführt, dass Richard Dawkins' Nerven dermaßen blank liegen? Wir wissen es nicht. Aber in einem Interview gab er zu, dass er sich – falls es doch ein Leben nach dem Tod gäbe – gerne mit Jesus über Darwin unterhalten würde.

Gott schafft im Alten Testament mit dem Talionsprinzip die Voraussetzung für die Waage der Justitia, indem geschrieben steht: «Auge um Auge, Zahn um Zahn, Hand um Hand, Fuß um Fuß, Brandmal um Brandmal, Wunde um Wunde, Beule um Beule» (2. Mose 21,23–25). Sein Sohn Jesus aber eröffnet im Neuen Testament eine ganz neue Perspektive durch das Aufheben der Vergeltung durch die Freiheit der Vergebung, indem er sagt: «Wenn jemand dich auf deine Wange schlägt, dann biete ihm auch die andere dar, und wenn dich jemand vor Gericht zerren und dein Hemd nehmen will, dann gib ihm auch deinen Mantel» (Matthäus 5,38–40). Wie kann Jesus von sich behaupten, dass er und der Vater eins sind, wenn beide ziemlich unterschiedliche Ansichten vertreten?

Viele Theologen behaupten, dass Glaubenssysteme von inneren Widersprüchen gereinigt werden müssen. Mag schon sein, dass sie recht haben, wenn sie vom Glauben als System reden, aber ich bin der Überzeugung: Wenn Glaube sich zu einem System entwickelt, wird es höchste Zeit, davonzurennen, denn da draußen wartet das Leben.

Schönheit fühlt sich auch in Widersprüchen wohl, weil gerade da die wahren Schätze des Lebens verborgen sind! Was fordert denn Glauben und Schönheit mehr heraus als Geschichten und Ereignisse, die einen Interpretationsspielraum offen lassen, die man nicht vollkommen erklären kann, die lückenhaft sind statt lückenlos?! Es geht um Hass und Liebe, um Gefühle, Sprache, Übersetzung, Verständnis und Missverständnis. Statt die unterschiedlichen Textauffassungen betreffend die Bibel als wunderschöne Vielfalt zu sehen, hat das Christentum Haarspalterei betrieben und sich zersplittert. Im Zentrum steht oft nicht mehr Christus, sondern stehen die eigenen Glaubensgrundsätze.

Von Leonardo da Vinci erzählt man sich eine Geschichte, die sich während seiner vierjährigen intensiven Arbeit an dem monumentalen Gemälde «Das letzte Abendmahl» zugetragen haben soll. Nachdem der Herzog Ludovico Sforza das 9 × 4 Meter große Bild bei da Vinci in Auftrag gegeben hatte, fing Leonardo umgehend damit an, geeignete Modelle für sein Meisterwerk zu suchen. Für die Hauptperson wollte er einen Mann auswählen, der Jesus perfekt widerspiegeln sollte. Aus Hunderten von jungen Männern wurde einer ausgesucht, der nicht nur das passende Aussehen besaß, sondern der an Unschuld und Schönheit nicht zu überbieten war; ein Mensch ohne Narben und mit edlen Gesichtszügen, frei von Sünde und Versuchung.

Nach wochenlanger Suche fand man also einen 21-jährigen Jüngling, der als Modell für die Darstellung Christi in Frage kam. Da Vinci arbeitete mehrere Monate an der Produktion seiner Hauptfigur, Jesus Christus, der an einem langen Tisch sitzt, gekleidet in ein leuchtend rotes Unterkleid, über dem er ein prachtvolles blaues Obergewand trägt. Den Kopf hält er ein wenig geneigt, und beide Arme sind zur Seite ausgestreckt.

Als der junge Mann nach Monaten endlich entlassen wird, setzt da Vinci seine Arbeit am Kunstwerk fort. Ein Modell nach dem anderen wird als passende Person ausgewählt, um jeden der zwölf Jünger angemessen zu repräsentieren.

Es vergehen Jahre. Der Platz für die Darstellung des Judas, des Mannes, der Jesus verraten hatte, blieb leer bis ganz zum Schluss. Bis jetzt konnte einfach keine passende Person gefunden werden. Wochenlang ging da Vinci auf den Marktplatz, auf der Suche nach einem Mann mit gemeinen, harten und gefühllosen Gesichtszügen. Dessen Gesicht sollte gezeichnet sein von Habgier, Heuchelei, Verschlagenheit und Täuschung. Eine fiese Gestalt sollte es sein, die selbst den besten Freund für Geld verraten würde. Aber es ließ sich einfach niemand finden, der auch nur annähernd seiner Vorstellung entsprach.

Endlich fanden seine Gehilfen in einem finsteren Kerker eine Person, einen zum Tode verurteilten Mann, dessen Gesichtszüge die Spuren eines Lügners und Betrügers trugen. Als man den Mann aus dem Verlies hinaus ans Tageslicht brachte, stand vor da Vinci ein vom Leben gezeichneter Mensch. Seine Augen funkelten vor Boshaftigkeit, er hatte unberechenbare Züge, und sein Haar war völlig verfilzt und zerzaust. Endlich hatte der Maestro das richtige Modell gefunden, um sein Meisterwerk zu vollenden, den perfekten Darsteller für den Judas.

Über Monate saß der Sträfling stundenlang vor da Vinci, während der begnadete Künstler seine Aufgabe fortsetzte, um die Figur, die den Verräter des Herrn und Retters darstellt, auf sein Gemälde zu übertragen. Als er seinen letzten Pinselstrich beendet hatte, wandte sich da Vinci an die Wachen und sagte: «Ich bin fertig. Ihr könnt den Gefangenen mitnehmen.»

Als die Wachen den Gefangenen wegführten, löste sich dieser plötzlich aus der Umklammerung und eilte zu da Vinci, blieb vor ihm stehen und sprach mit Tränen in den Augen und mit weinerlicher Stimme: «Oh, da Vinci, da Vinci, bitte sieh mich an! Weißt du denn nicht mehr, wer ich bin?»

Da Vinci prüfte sorgfältig das Aussehen des Mannes aus der Nähe. Seit Monaten hatte er auf dessen Gesicht geblickt. «Nein!», sagte da Vinci, «was soll das? Du bist der Gefangene aus dem Kerker, und ich habe dich in meinem Leben vorher noch nie gesehen.»

Der Gefangene hob seine Augen in Richtung Himmel und sprach: «Oh Gott, wie tief bin ich gesunken?» Dann wandte er sich erneut dem Maler zu und rief: «Leonardo da Vinci! Schau mich an, denn ich bin derselbe Mann, den du vor vier Jahren als Christusfigur gemalt hast. Mit dem Geld, das du mir damals bezahlt hast, habe ich angefangen zu trinken, dann zu stehlen, zu huren, mich zu prügeln und schlussendlich zu morden, so lange, bis sie mich in den Kerker sperrten, aus dem du mich wieder herausgeholt hast, um dein Werk zu vollenden.»

Diese Geschichte handelt von ein und demselben Maler, der gleichen Leinwand, den identischen Farben – und sie dreht sich um ein und dasselbe Modell. Wir Menschen sehen immer das, was wir sehen wollen, aber eigentlich sehen wir nicht, wie die Dinge *wirklich* sind. Am wahrhaft Edlen, am wirklich Schönen, gehen wir meistens vorbei, weil wir zu beschäftigt sind.

Die Juden stellen sich den Messias als König vor, der das Reich Davids wiedererrichten und den heiligen Tempel wiederaufbauen wird. Dann wird er die zerstreuten Juden nach Israel zurückholen, und er wird sein Volk dazu bringen, sämtliche Gesetze der Thora einzuhalten. Diese Vorstellung deckt sich auch mit der Meinung vieler Christen, besonders im Süden der USA: Gott, der Krieger, der die Grenzen seines Reiches mit harter Hand verteidigt, der Rache an den Ungläubigen übt, der sexuell anders orientierte Menschen ausgrenzt und der nicht warten kann, bis alle, die das nicht so sehen, in der Hölle schmoren.

Doch dann begegnen wir Jesus von Nazareth, dem König der Könige, der von sich behauptet, er sei das Abbild des wahren Gottes. In Kolosser 1,15–17 heißt es über ihn:

> «Christus ist das Ebenbild des unsichtbaren Gottes. Als sein Sohn steht er über der ganzen Schöpfung und war selbst schon längst vor ihr da. Durch ihn ist alles erschaffen, was im Himmel und auf der Erde ist: Sichtbares und Unsichtbares, Königreiche und Mächte, Herrscher und Gewalten. Ja, alles ist durch ihn geschaffen und vollendet sich schließlich in ihm.»

Da kommt also der König und Schöpfer des ganzen Universums, durch den die Sonne, der Mond, die Sterne und der gesamte Kosmos erschaffen wurden, als kleines Kind in einem eigentlich unbedeutenden Kaff namens Bethlehem zur Welt. Die Trompetenklänge, die normalerweise einen König ankündigen, wurden durch das Blöken der Schafe ersetzt. Er kommt nicht als erwachsener Mann zu seinem Volk, sondern liegt als hilfloses und bedürftiges Baby in einer Krippe, voll und ganz auf seine Eltern angewiesen.

Der König der Könige wächst auf in Unbedeutsamkeit. Bis zu seinem dreißigsten Altersjahr ist er ein ziemlich unbeschriebenes Blatt, ein Nerd, der ein paar Tische und Möbel zimmert. Er schreibt sein Leben lang kein einziges Buch, denn die eigene Ehre ist ihm egal. Er kommt nicht, um das Römische Reich zu besiegen, so wie es sich viele Menschen erhofften und von ihm erwarteten, und er kommt auch nicht, um ein Königreich auf der Erde zu errichten. Er verhilft seinem Volk nicht zum Sieg über die römische Besatzung. Im Gegenteil, er vermeidet das Rampenlicht. Er ist friedliebend, und wenn überhaupt, dann legt er sich nur mit den religiösen Führern an. Ansonsten hängt er lieber rum bei den Zöllnern, Huren, Kranken, Blinden und Gehörlosen. Einige behaupten von ihm, er sei ein Fresser und ein Weinsäufer …

Er lebt besitzlos, schutzlos, selbstlos. Er reitet auch nicht auf einem edlen schwarzen Pferd mit goldenem Schild und Wappen nach Jerusalem, sondern mit den Füßen halb im Dreck auf einem jungen Esel. Er wird gedemütigt, gepeinigt, verprügelt und ausgelacht. Am Schluss verlassen ihn sogar seine Anhänger. Aus Furcht, er könnte vielleicht doch kein richtiger König sein, leugnen sie, ihn zu kennen.

Nicht einmal die Römer haben Respekt vor ihm und entscheiden vorerst, dass er ungefährlich sei. Sie denken, er sei ein Fantast. Nachdem sie ihn unschuldig hingerichtet haben, pinseln sie aus Spott einen Spruch auf eine Tafel, die sie über seinem Kopf anbringen: «Der König der Juden». Dazu hänseln sie ihn und rufen: «Rette dich doch selber! Komm vom Kreuz herunter, wenn du wirklich der Sohn Gottes bist!»

Wenn es wirklich stimmt, dass Jesus, so wie er es von sich behauptet, die perfekte Offenbarung Gottes ist; dass Gott so ist wie Jesus; und dass Jesus so ist wie Gott – und wenn er, Jesus, wirklich das vollkommenste Bild Gottes ist und seine Behauptung: «Wer mich sieht, der sieht den Vater», ebenfalls rundum stimmt, dann stehen wir vor einer großen Herausforderung: Denn dann wird es Zeit, dass wir das Bild, das wir von Gott hatten, revidieren. Wir müssen die Vorstellung eines wütenden und kriegerischen Gottes aufgeben! Am besten mit einem frechen, aber herzhaften Satz: «Lieber Gott, leider haben wir dich damals nicht richtig verstanden. Offensichtlich handelte es sich um ein Missverständnis! Wir wollten nicht Leben, sondern Erkenntnis, und darum kam das Gesetz über uns, das keiner von uns je erfüllen konnte. Aber jetzt, da dein Sohn dich uns offenbart hat als der, der du wirklich bist, haben wir verstanden! Du vergibst gerne, du bist langmütig, geduldig, gütig, ausgeglichen, mitfühlend, zugänglich, verständnisvoll, unparteiisch, respektvoll, würdevoll, mutig, tapfer, freudvoll, du feierst gerne, du bist freundschaftlich, leidenschaftlich, menschlich und einfach göttlich!»

Es wird Zeit, nach all den Jahrhunderten, in denen die Christenheit eine hässliche Botschaft verbreitet hat, die neben vielem anderem auch Kreuzzüge, Missbrauch, Mord, Patriarchalismus, Eifersucht, Stolz, Scheinheiligkeit, Kleinlichkeit, Ungerechtigkeit, Überwachung, Rachsucht, Sklaverei, ethnische Säuberungen, Rassismus, Größenwahn und Tyrannei hervorgebracht hat, auszutauschen durch ein Evangelium der Schönheit!

Die Identität Gottes wurde gekidnappt, und seine Bildunterschrift wurde gefälscht. Seine wahre Identität hat er uns Menschen durch das Leben, das Sterben und die Auferstehung von Jesus Christus, seinem Sohn, offenbart.

«Siehe, wie schön und wie lieblich ist es, wenn Brüder in Frieden beisammen wohnen» – hätte man dieser Bibelstelle aus dem alttestamentlichen Psalm 133 genügend Bedeutung zugemessen, hätte die Reformation keine Konfessionen hervorgebracht, die sich wegen Wortklaubereien an die Gurgel gehen, sondern es wäre Einheit entstanden, aus deren Mitte Schönheit fließen würde. Der Theologe John Piper hat über den Psalm 133 geschrieben: *«Einheit ist das Parfum der Kirche!»*

Wahre Identität

«Wer wir sind, hängt entscheidend davon ab, wem wir begegnen.»

– Thomas Berger, deutscher Theologe

Die Ikone unserer Identität findet genug Platz auf einer kleinen Fläche von durchschnittlich 8,5 × 1,5 cm. Das ist nicht viel Platz, aber dennoch reicht das aus, um unsere ganze Persönlichkeit bis ins Detail widerzuspiegeln. Alles, was du bist, wofür du stehst und was du über dich selber denkst, hat Platz auf diesem kleinen Flecken: deine eigene Unterschrift! Du musst dich weder anstrengen noch lange überlegen, du schreibst ganz einfach mit etwas Schwung deinen Namen auf ein Stück Papier, und siehe da:

Das bist du!

Mit einer persönlichen Unterschrift werden Krieg und Frieden besiegelt, Häuser werden gekauft, Geburtsurkunden und Totenscheine werden ausgestellt. In jede Unterschrift fließt so viel Individualität, Identität, Einzigartigkeit und Schönheit, dass man sich gar nicht vorstellen kann, wie jemand mit einer falschen Identität durchs Leben gehen kann. Und doch sind es so viele, die das tun.

Unsere wahre Identität liegt sichtbar vor uns, sobald wir unseren eigenen Namen auf ein Stück Papier schreiben. Doch irgendwie zweifeln so viele daran, dass die Person, die da steht, geliebt, gewollt und von Gott gemeint ist.

Ich habe Hunderte Menschen kennen gelernt, die nach außen hin so tun, als seien sie die ganz großen Gewinner, aber schon nach zwei Fragen merkt man: Eigentlich halten sie sich tief im Innersten für die allergrößten Versager. Das ist besonders tragisch, wenn solche Menschen Macht über andere erhalten und für sie verantwortlich sind. Es geht meistens nicht lange, und sie beginnen ihre inneren Konflikte nach außen zu tragen, denn das tief empfundene Ungenügen und die nagende Unsicherheit, die sie mit sich herumtragen, ist für sie unerträglich.

Oft erkennt man die Leute, die mit ihrem eigenen Minderwert kämpfen, nicht gleich sofort, denn sie sind Meister darin, sich selbst und die halbe Welt an der Nase herumzuführen. Aber mit der Zeit entlarvt man sie sehr schnell. Am leichtesten erkennt man sie am Umgang, den sie mit ihren Mitmenschen pflegen. Oder daran, wie sie über Gott sprechen.

Leute, die sich innerlich stets klein fühlen, lieben es, andere Menschen zur Schnecke zu machen, denn so kommen sie sich etwas größer vor und fühlen sich für eine kurze Zeit als Gewinner. Aber das dauert meist nicht lange an, und üblicherweise endet solches Verhalten unweigerlich in einer Katastrophe.

Sprechen sie über Gott, reden sie die meiste Zeit über sich selbst. Die hässlichste Form der Furcht vor dem «Sich-klein-Fühlen» nennt man «Elitarismus» und Standesdünkel. Elitäres Benehmen ist wie übler Körpergeruch. Und die, die ihn haben, können ihn an sich selbst merkwürdigerweise nicht riechen.

Die Unterschrift anderer Leute zu fälschen. gilt vor dem Gesetz als Urkundenfälschung. Aber ein Leben voller Lügen zu leben, indem man die wahre Identität vor den anderen Menschen verbirgt und so tut, als wäre man jemand Besseres, ist nicht verboten und wird auch nirgends geahndet. Vielleicht ist dies der Grund, warum so viele davon Gebrauch machen.

Identität ist ein Augenblick der Ewigkeit ...

Erst wenn sich die Identität der Schönheit beugt, werden wir mit uns selber versöhnt. Erst wenn wir mit uns selber versöhnt sind, werden wir unsere Identität finden, weil wir wissen, dass wir von Gott Geliebte sind. Das Wort «versöhnen» hat sich aus dem mittelhochdeutschen Wort «versuenen» herausgebildet, das zum Stammwort Sühne gehört: Schuld und Sühne also! Das große Thema seit Kain und Abel, der Punkt in unserer Geschichte, wo das Gute und Erstrebenswerte an unseren menschlichen Neigungen scheitert.

Steht die Schuld für das Hässliche, so steht die Sühne für das Schöne. Wenn Gott uns vergibt, dürfen auch wir uns vergeben, und wir vergeben unseren Schuldigern, denn der Retter der ganzen Welt, der «Salvator mundi», hat die Ur-Schuld für uns alle getragen und die Bindungen gelöst.

Im selben Jahrhundert, in dem der Bildersturm die Kirche um ihre Kunstschätze brachte, schuf Leonardo da Vinci ein weiteres prächtiges Bild mit dem Titel «Salvator Mundi», auf deutsch: «Heiland, Retter, Erlöser der Welt». Dieses Kunstwerk galt über Jahrhunderte hinweg als verschollen und war danach lange Zeit im Besitz von europäischen Adelsfamilien. Es konnte nie zweifelsfrei da Vinci zugeordnet werden und galt aus diesem Grund nicht als echt. Im Jahr 1958 wechselte es für lächerliche 45 britische Pfund den Besitzer.

Bis im Jahr 2000 war das Kunstwerk in Privatbesitz und gelangte schließlich in die Hände einiger Kunsthändler, die sich die Echtheit des Bildes von Spezialisten bescheinigen ließen. Letzten Endes wurde es im November 2017 im Londoner Auktionshaus Christie's für die unglaubliche Summe von 450 Millionen US-Dollar versteigert. Es gilt heute als das mit Abstand teuerste Gemälde der Welt. Von 45 Pfund auf 450 Millionen Dollar: Alles nur, weil die Echtheit des Bildes nachgewiesen werden konnte.

Diese Geschichte zeigt uns: Schönheit und Identität sind unzertrennlich, nur gemeinsam schaffen sie Wertvolles.

Schönheit braucht Bilder, denn sie will angeschaut und betrachtet werden. Der renommierte israelische Fotograf Nadav Kander filmte Tausende Menschen dabei, wie sie dieses einmalige Kunstwerk von da Vinci betrachteten, und schuf ein vierminütiges filmisches Meisterwerk: «Christie's: The world is watching the last da Vinci – by Nadav Kander». In diesem filmischen Monument wird der Spieß umgedreht: Zu sehen ist nicht Leonardos Gemälde, sondern zu sehen sind Menschen, wie sie als Gläubige oder Ungläubige vor dem Bild stehen und dabei in Ehrfurcht erstarren. Die einen weinen, die anderen lächeln. Einige sind erstaunt, andere nachdenklich und prüfend.

Es ist unmöglich, die Filmszenen angemessen zu beschreiben. Die einen haben Freudentränen, die anderen versinken in Kontemplation. Was klar wird: Jeder Besucher und jede Besucherin erleben diesen persönlichen Moment, in dem sie Christus ins Angesicht schauen. Und plötzlich wird wahr, was in 1. Johannes 4,14–15 geschrieben steht: «Wir haben gesehen und können bezeugen, dass der Vater seinen Sohn als Retter der Welt zu uns gesandt hat; und wenn sich jemand zu Jesus als dem Sohn Gottes bekennt, lebt Gott in ihm, und er lebt in Gott.»

Wer Christus mit seinen eigenen Augen betrachtet, schaut weg von sich und seinen Problemen und Überzeugungen, denn er schaut dem in die Augen, der für die ganze Welt gekommen ist, um sie von ihrem Schicksal und ihrer Last zu erretten. Wer ihn als solchen erkennt, in dem beginnt Gott zu leben, und er in ihm. Und Schönheit wird von ihm ausgehen. Und er wird strahlen wie die Sterne am Himmelszelt.

Seit etwa einhundert Jahren hat die Christenheit kaum mehr nennenswerte Kunst zutage gefördert. Die Bachs, die da Vincis, Buonarrotis, Gerhards und Dürers, die sich vom Baum des Lebens inspirieren ließen, sind gestorben. Die Christenheit hat es zugelassen, dass Kunst und Schönheit aus ihrer Mitte verdrängt wurden. Dadurch hat sie ihre Balance verloren und taumelt nun zwischen allen möglichen Bäumen umher.

Natürlich liegt der Ausdruck von Schönheit nicht nur in der Kunst, nicht nur in Pinsel, Farbe und Form, sondern auch in der Diakonie, der Caritas (der Mildtätigkeit) und im Erkennen. Dennoch glaube ich, dass wir die Schönheit mit all ihren Facetten aus unserer Mitte verkauft oder sogar zerstört haben. Dadurch ging auch ein wichtiger Teil der christlichen Identität verloren. An ihre Stelle traten religiöser Eifer, Zank, theologische Streitigkeiten über Kleinigkeiten und Nichtigkeiten – und allem voran auch viel Scheinheiligkeit. In den USA verlassen derzeit 78 % aller Jugendlichen nach ihrem achtzehnten Lebensjahr die Kirchengemeinde, in der sie aufgewachsen sind. Auch hier in Europa verlassen jeden Monat Tausende die Kirchen. Sie sehen in diesen Institutionen keine Zukunft mehr.

Große Kunst und wahre Schönheit überdauern meist die Zeit und werden noch von den kommenden Generationen bestaunt werden. Darum sind Menschen, die Kunst schaffen oder sie ins Zentrum des Lebens stellen, Menschen der Zukunft. Da die Christenheit aber die Kunst und die Schönheit für unwichtig und obsolet erklärt hat, umgibt sie sich mit dem Gegenwärtigen und dem Vergangenen. Kein Wunder also, dass fast alle, die auf der Suche sind nach der Zukunft, die Gotteshäuser verlassen.

Die zwei Bäume

«Wie der Baum fällt, so bleibt er liegen.»
– Deutsches Sprichwort

Ich saß vor einigen Jahren zusammen mit meinem guten alten Freund, dem kanadischen Theologen Brad Jersak, bei uns zu Hause am Küchentisch. Wir entkorkten eine uralte Flasche «Chambertin» und ließen uns von der Fülle des Weins betören. Wir sprachen über den Begriff «Gerechtigkeit», und Brad meinte: «Gerechtigkeit erschließt sich dem Menschen erst, wenn wir nach ihrer Schönheit fragen!» So wie der Chambertin, der sich lange Zeit dem Menschen verschließt, bis er nach vielen Jahren endlich seinen runden und vollen Geschmack entwickelt, brauchte dieser Satz einige Jahre, bis ich ihn verstand.

Schönheit steht bei vielen Christen unter dem Generalverdacht, bloß von der Wahrheit abzulenken, die Leute einzulullen und sie über ihre wahren Probleme hinwegzutrösten. Im Protestantismus und insbesondere im Pietismus gehören Poesie, Theater, Kunst, Malerei und Lyrik zu den Hauptverdächtigen, die die Gläubigen verführen wollen.

Die meisten sind unsicher, ob Schönheit wirklich wichtig ist. Doch wenn die Christenheit nicht mehr bekannt ist für ihre Schönheit, wie soll sie dann von außen als gerecht wahrgenommen werden? Die Kirche ist bekannt für das, was sie hässlich findet, wovon sie sich distanziert – aber nicht für das Schöne, für das sie doch eigentlich steht. Wenn Theologie, Lehre und Erkenntnis überall im Vordergrund stehen, kann Gott nicht mehr erlebt werden, denn es geht andauernd nur noch um die Entscheidung, ob etwas richtig oder falsch ist.

Je weiter wir nach Osten reisen, dahin, wo die Sonne aufgeht, desto mehr wünschen sich die Menschen, erleuchtet zu werden. Je weiter westlich wir reisen, desto wichtiger sind den Leuten Entscheidungen. Es ist nicht das Gleiche, sich für Gott zu entscheiden – oder von ihm erleuchtet werden. Paulus von Tarsus hatte sein Leben auf Entscheidungen aufgebaut, er kannte die heiligen Schriften so gut wie kein anderer. Dennoch verfolgte er die Christen und tötete sogar einige von ihnen. Sein Leben bekam erst eine neue Richtung, als er geblendet wurde und durch eine Erleuchtung Jesus Christus begegnete.

Das Zentrale der Erleuchtung und des Glaubens ist die Erfahrung. Karl Rahner, einer der bedeutenden Theologen des 20. Jahrhunderts, schrieb: «Der Christ der Zukunft wird ein Mystiker sein, einer, der etwas erfahren hat, oder er wird nicht mehr sein.»

Der Baum der Erkenntnis führt unweigerlich zum Tod. Wir können uns alles Wissen der Welt aneignen, doch das wird uns nicht davor bewahren, dass wir irgendwann sterben und unseren irdischen Leib verlassen. Wer behauptet, dass die Wissenschaft allein selig macht, sollte sich eine Tageszeitung kaufen und ein paar Todesanzeigen durchlesen. Egal, wie erfolgreich jemand sein Leben führt, egal, wie alt er wird und über welches Wissen er verfügt, am Ende steht der Tod.

Einzig beim Baum des Lebens finden wir das wahre Leben, das ewige Leben! Warum die Geschichte der Menschheit bei zwei Bäumen beginnt, ist nicht bekannt. Gott hätte ja auch sagen können: «Esst keine Beeren von diesem Strauch!» Oder: «Esst keine Früchte von diesem Acker!»

Ich glaube, der Baum liegt uns Menschen deshalb so sehr am Herzen, weil Bäume uns irgendwie gleichen. Die Blüte im Frühling, die Reife des Sommers, die Früchte des Sommers und des Herbstes sowie das Sterben bzw. Kahlwerden im Winter sind wie ein Sinnbild für unser Leben. Wir brauchen einen Stamm, der uns trägt, eine Krone, die uns Würde verleiht, und Wurzeln, die in die Tiefe gehen.

Im Paradies, so steht es, wuchsen allerlei Bäume. Sie waren begehrenswert, schön anzusehen und trugen gute Nahrung. Aber der Baum des Lebens und der Baum der Erkenntnis standen in der Mitte des Gartens. «Mitte» bedeutet: ein Punkt, der vom Anfang und vom Ende gleich weit entfernt ist. Die Vertreibung aus dem Paradies beginnt also mit dem Ausschluss aus der Mitte! Von da stammt wohl auch unser Wunsch, unsere Mitte wiederzufinden.

Der erste Adam wollte sein wie Gott und hat darum vom Baum der Erkenntnis gegessen. Jesus Christus, der neue Adam, war wie Gott, hielt aber nicht daran fest, Gott gleich zu sein, sondern wurde wie ein Diener, dem Menschen gleich. Vom Baum im Paradies kam der Tod, vom Baum des Kreuzes kam das neue Leben. So ist der Baum unweigerlich mit dem menschlichen Schicksal verbunden.

«Wohl dem Mann, der Freude hat an der Weisung des Herrn, über seine Weisung nachsinnt bei Tag und bei Nacht. Er ist wie ein Baum, der an Wasserbächen gepflanzt ist, der zur rechten Zeit seine Frucht bringt und dessen Blätter nicht welken. Alles, was er tut, wird ihm gut gelingen.» (Psalm 1)

Der Nächste, bitte!

«Darum sollst du den Herrn, deinen Gott, lieben mit ganzem Herzen und ganzer Seele, mit deinem ganzen Denken und mit deiner ganzen Kraft. Als zweites kommt hinzu: Du sollst deinen Nächsten lieben wie dich selbst. Kein anderes Gebot ist größer als diese beiden.»

Markus 12,30

Liebe erweckt die Liebe und macht sie lebendig. Schönheit beflügelt die Schönheit, damit sie noch heller strahlt. Hass treibt Hass vor sich her, damit er neue Feindschaften schmiedet. Zu lieben ist deine Entscheidung, in Schönheit zu leben ist dein Entschluss, zu hassen ist deine Wahl. Wir entscheiden uns jeden Tag aufs Neue, wie wir unser Leben gestalten wollen.

Wenn schöner Glaube Gutes hervorbringt, dann lass uns an das Gute glauben und Gutes tun. Wenn wahre Schönheit unsichtbar ist, dann lass sie uns da, wo sie keiner sieht, verbreiten. Glaube und Schönheit stehen selten im Zentrum, sondern warten am Wegrand darauf, dass wir sie entdecken. Nicht so der Unglaube und die Sensationslust. Sie treiben sich gegenseitig durch die Straßen. Auf der Jagd nach immer neuen Schlagzeilen machen sie viel Lärm und stehen im Mittelpunkt. Als «Breaking News» unterbrechen sie das sonst seichte Programm und warten darauf, dass wir ungläubig da stehen und den Kopf schütteln, wenn wir sie lesen. Flugzeugabstürze, Tsunamis, Ölkatastrophen, politische Zerwürfnisse, Krisen, Erdbeben und Verbrechen. Eine Sensation jagt die andere.

Das Wort «Sensation» kommt aus dem Lateinischen und bedeutet Fühlen, Empfinden und mit den Sinnen wahrnehmen. Weiter umschreibt es aufsehenerregende Ereignisse, die erst durch eine verbreitete Wahrnehmung in der Öffentlichkeit und durch die Medien ins Zentrum gerückt werden. News und Sensationen sind Suchtmittel, denn sie wecken das Gefühl der Anteilnahme in uns. Wir reagieren mit Schrecken auf tragische Ereignisse, denn uns plagt das Mitgefühl wegen der schrecklichen und hässlichen Dinge, die ständig irgendwo auf der Welt passieren. Aber tief in uns drin sehnen wir uns nicht nach Mitgefühl, sondern nach aufrichtiger Trauer und Anteilnahme. Wir lechzen danach, etwas zu fühlen und zu empfinden. Doch die uns ja fremden Menschen und die geografische Distanz zu ihnen machen das nicht gerade einfach.

Neil Postman, ein amerikanischer Soziologe und Medienwissenschaftler, verfolgt in seinem herausragenden Werk «Wir amüsieren uns zu Tode» die These, dass das Fernsehen und die Medien uns emotional entleeren durch den Zwang der Bebilderung des Schreckens. Dadurch entsteht seiner Meinung nach ein Mangel an Ernsthaftigkeit in den Bereichen des wahren Mitgefühls.

Postman geht das Problem etwas zynisch an, und ich bin nicht sicher, ob Zynismus imstande ist, es auch zu lösen. Ich glaube nicht, dass Sarkasmus die Schale knacken kann, um an den Kern des Motivs zu gelangen, denn Sensationslust ist im

Grunde kein Laster, sondern eine Tugend. «Nomen est Omen» ist eine lateinische Redewendung und bedeutet: «Der Name ist das Zeichen.» Wenn der Begriff «Sensation» tatsächlich «Fühlen und Empfinden» beschreibt, dann bedeutet Sensationslust die Sehnsucht, etwas zu fühlen und zu empfinden. Wahres Mensch-Sein und ernsthafte Suche nach Schönheit bedeuten: Leid gemeinsam zu tragen. Oder anders gesagt: empathisch zu leben.

Wir dürfen eins nicht vergessen: «Mitleiden» ist geografisch eingegrenzt, und Vertrautheit braucht Nähe. Leiden bedeutet «Abschiednehmen vom Normalzustand». Hierzu ein kleines Beispiel:

Während eine alte norditalienische Witwe im Frühjahr in Bergamo noch in der Kälte friert, leidet eine gebrechliche alte Sizilianerin in Palermo bereits unter der großen Hitze. Schwitzen und Frieren sind beides Ausnahmezustände, und obwohl beide Frauen Italienerinnen sind, denen die örtlichen Temperaturen zu schaffen machen, leiden beide an etwas ganz anderem. Wenn aber das Herz für den Frierenden kalt bleibt und die Hand dem Schmachtenden nicht ausgestreckt wird, um seine Stirne zu kühlen, ist Mitleid alleine zu wenig, denn es bietet keine Hilfe.

Nur wer tatsächlich Hilfe leistet, empfindet Freude und Genugtuung. Mitleid zu empfinden dämpft nur den Schmerz, den man wahrnimmt, wenn andere leiden. Echte Empathie und Nächstenliebe besteht nicht nur aus Mitleid, sondern auch aus Trauer, Schmerz und Hilfsbereitschaft. Den Bedürftigen zu helfen bedeutet, den Horizont der Schönheit all denen zu erschließen, die noch nicht die Gnade erhalten haben, Jesus zu erkennen.

In Jesaja 58,7–8 steht: «Brich dem Hungrigen dein Brot, die im Elend sind, führe ins Haus; wenn du einen nackt siehst, so kleide ihn, und entzieh' dich nicht deinem Verwandten. Alsdann wird dein Licht hervorbrechen wie die Morgenröte, und deine Besserung wird schnell wachsen, und deine Gerechtigkeit wird vor dir hergehen, und die Herrlichkeit [Schönheit] des Herrn wird hinter dir herziehen.»

Was genau bedeutet «Liebe deinen Nächsten!»? Wenn wir auf unseren Smartphones die News verfolgen, erreichen uns zum Beispiel Nachrichten über das Höhlendrama in Thailand, wo Kinder vom Wasser eingeschlossen wurden und ums Überleben kämpfen. Wir bauen ein Interesse auf und beginnen, mitzufiebern und zu hoffen, dass die Rettung gelingt. Gleichzeitig interessiert es uns in keiner Art und Weise, dass die Rohstoffe für unsere Handys von Kindern stammen, die ebenfalls in Höhlen eingeschlossen sind, wo sie für uns schuften und in völliger Dunkelheit mit primitivsten Werkzeugen nach den «seltenen Erden» und Rohstoffen (Coltan-Erz) graben, ohne die unsere Handys gar nicht funktionieren würden.

Wer bestimmt, welche Kinder im Mittelpunkt stehen? Warum fiebern wir für die einen mit, die wir nicht einmal kennen, und vergessen die anderen, an deren Ausbeutung wir uns sogar beteiligen?

Unser Drang und unsere Zwanghaftigkeit, immer neue, möglichst negative Schlagzeilen und Sensationen zu erhaschen, wirkt wie ein Schmerzmittel, wie eine Droge, die uns intravenös verabreicht wird. Wir möchten den Schmerz der anderen fühlen und mittragen. Weil sie aber nicht unsere «Nächsten» sind, verzetteln wir uns in einem Schmerz über die *ganze* Welt und vergessen dabei den wirklichen Nächsten, der vor unserer Haustür bettelt und in Not ist. Oder wir blenden die Tatsache aus, dass wegen unserem Konsumverhalten andere Menschen leiden, weil unglücklicherweise niemand darüber berichtet.

Wir finden die Erscheinung der Liebe Gottes in den schönen Dingen des Lebens. Kunst, Kultur, Musik und Poesie sind wahrhaftige Schätze und widerspiegeln Gottes Pracht und Herrlichkeit. Aber wie mein Freund Brad Jersak damals bei der Flasche Chambertin meinte: «Gerechtigkeit erschließt sich dem Menschen erst, wenn wir nach ihrer Schönheit fragen!»

Nächstenliebe – oder: «Liebe deinen Nächsten» – ist eine der bedeutendsten Facetten der Schönheit, denn sie wirft das Licht auf die Menschen, die ihr Dasein in der Dunkelheit verbringen, auf die Armen, die Schwachen, die Verletzten, die Einsamen. Und auf die Menschen, die unter Ungerechtigkeit leiden. Indem wir sie jetzt sehen, werden wir erinnert an unsere eigene Verletzlichkeit und Schwäche, der wir nur mit Glauben und Schönheit angemessen begegnen können.

Jessie

«Schauspieler müssen dich vergessen lassen, dass du im Theater bist.»

– Gerd de Ley

Jessie schleppte sich todmüde zu seinem Wagen. Er hatte mehrere Dosen Cola getrunken, um wach zu bleiben. Die letzte Nacht am Steuer seines Wagens und danach der nicht enden wollende Drehtag am Set waren einfach zu viel. Er freute sich jetzt schon darauf, in seinem eigenen Bett zu schlafen.

Noch eine Dreiviertelstunde musste er durchhalten, bis er zu Hause einige Längen im Pool schwimmen würde. Danach würde er sich schlafen legen, und die nächsten Tage würde er keinen Schritt mehr aus dem Haus tun. Einfach nur schlafen, fernsehen, schwimmen, rumhängen und nichts tun. Nichts!!

Jessie hoffte, dass der Verkehr in der Stadt noch nicht so heftig sein würde wie später gegen Abend. Er ging zu seinem Wagen, wo bereits eine Schar Mädchen auf ihn wartete. Die kleine Autogrammstunde würde er auch noch durchstehen, dachte er. Er lächelte die Girls an und kritzelte seine Unterschrift auf einige Fetzen Papier. Die Mädchen himmelten ihn an, also wechselte er ein paar Worte mit ihnen.

Er wollte gerade in seinen Wagen einsteigen, als die Assistentin seines Agenten auftauchte.

«Jessie», hauchte sie, «Johnny meinte, er brauche dringend noch deine Unterschrift in dieser Angelegenheit.»

Jessie schüttelte den Kopf: «Jetzt nicht, Annabelle, jetzt nicht. Ich bin todmüde und muss nach Hause.»

«Aber Johnny meinte, es sei dringend und könne nicht warten. Er wird total sauer sein, wenn ich ohne deine Unterschrift zurückkomme», hauchte sie.

«Dann gib her», murmelte Jessie, kritzelte seine Unterschrift auf die letzte Seite und stieg in seinen Wagen.

Vorne unter dem Scheibenwischer steckte ein Werbe-Flyer. Musste das sein? Er war zu müde, um noch einmal auszusteigen, und ließ das Stück Papier draußen an der Windschutzscheibe hängen. Er startete den Motor und fuhr zum Kassenhäuschen beim Ausgang des Parkfeldes.

Nachdem er die steile Auffahrt zum Pier hinter sich im Rückspiegel sah, bog er rechts ab auf die «Ocean Avenue», dann links über den «Olympic Drive», dort direkt auf die «Interstate 10». Nach ein paar Meilen auf dem Freeway nahm er die Ausfahrt «La Cienega» und fuhr hoch bis zum «Sunset Boulevard», dort noch einmal abbiegen, und schon tuckerte sein V8 den steilen «Sunset Plaza Drive» hinauf zu seinem Haus in die «Evenview 8850».

Er drückte den Funksender, der am Armaturenbrett klebte, und öffnete damit die Garage. «Auch das noch!», sagte Jessie, die Müllmänner hatten eine leere Mülltonne direkt vors Tor gestellt. Murrend stieg Jessie aus und räumte sie zur Seite. Als er wieder einstieg, bemerkte er den roten Flyer, der sich immer noch unter dem Scheibenwischer befand, und steckte ihn in seine Brusttasche, dann fuhr er den Wagen in die Garage, drückte noch einmal auf den Knopf des Funksenders – und das Tor hinter ihm schloss sich mit einem leisen Surren.

Als er durch den Gang in die Küche kam, schweifte sein Blick durch die großen Scheiben nach draußen.

Die Aussicht über Los Angeles war atemberaubend. Die Sonne stand schon etwas tiefer und hüllte die Stadt in einen goldenen Lichtschleier.

Er ging ans Fenster und blickte hinunter zum Pool-Haus im Garten. Beim Swimmingpool stand der mexikanische Poolboy, der täglich vorbeikam, um ihn zu reinigen. Jessie öffnete das Fenster und rief hinunter: «Carlos, bist du bald fertig? Ich möchte eine Runde schwimmen.»

«Señor Jessie! Ich habe heute gesehen Sie in Fernsehen, das war ganz toll, ich muss nur noch den Sandfilter wechseln, bin ich in eine Minute weg!»

Jessie ging die Treppe runter in sein Schlafzimmer und öffnete die Tür. An der Wand hing das Bild von Judy Garland in ihrer Paraderolle als Dorothy im Film «Der Zauberer von Oz». Zwei Jahre war es nun her, seit er das Haus gekauft hatte. Es gehörte einst Judy Garland, später Sammy Davis Jr., von dem unten im Pool-Häuschen noch tolle Schwarzweiß-Fotos hingen. Sammy zusammen mit Dean Martin und Frank Sinatra. Das «Rat Pack» im Pool beim Baden, in *seinem* Pool!

Unglaublich, Jessie hatte es geschafft!

Nach all den Jahren der Dürre in der Filmindustrie, unzähligen Jobs als Kellner und Fahrer, wurde ihm bei einem Vorsprechen die Rolle seines Lebens angeboten. Nun wohnte er in einem Traumhaus mit fünf Schlafzimmern, acht Bädern und einem eigenen Pool-Haus mit über hundertvierzig Quadratmetern, mitten in den Hollywood Hills. Alles, wovon er geträumt hatte, war in Erfüllung gegangen.

Er ging ins Bad und zog die Badehose an. Als er das Hemd auszog, fiel der rote Flyer aus der Brusttasche vor ihm auf den Boden. Jessie nahm ihn auf und las, was darauf stand:

«Coming soon on Netflix: Antichrist».

Jessie schlurfte zurück ins Schlafzimmer und legte den Zettel auf den Couchtisch, gleich neben die TV-Fernbedienung. Er schaltete den Fernseher ein, nahm ein frisches Handtuch aus dem Schrank und öffnete die Balkontüre.

Im TV lief gerade ein Bericht über den letzten Drehtag von «Hollywood Jesus». Sein Bild wurde eingeblendet, und eine Reporterin von *E! News* sprach mit aufgeregter Stimme über den begehrtesten Junggesellen Hollywoods. Jessie schnappte gerade noch die letzten Wortfetzen auf, bevor ein anderer Beitrag eingeblendet wurde:

«... und soeben haben wir gehört, dass Jessie Cederblum die Rolle spielen wird.»

Jessie schüttelte den Kopf und murmelte: «Was für ein Schwachsinn! Diese Celebrity-Presse ist wirklich das Allerletzte.»

Er stieg hinunter zum Pool, legte das Handtuch auf einen Liegestuhl und zog seine Schwimmbrille an. Dann sprang er kopfvoran ins dunkelblau gekachelte Becken. Das Wasser war herrlich kühl, denn die riesigen Bambuspflanzen, die um das ganze Grundstück wuchsen, warfen praktisch den ganzen Tag ihre Schatten auf den Pool – leider aber auch ihre vertrockneten Blätter. Doch der Swimmingpool war frisch gereinigt, und Jessie schwamm eine Runde um die andere.

Er ließ den Tag noch einmal Revue passieren und dachte an seine Rolle, in der er die moderne Version von Christus im 21. Jahrhundert spielte. Das Gehalt, das er von Netflix dafür erhielt, stieg mit jeder Episode. Sein Agent war wirklich absolut unschlagbar im Verhandeln. Es war die siebte und letzte Staffel, und heute war der letzte Drehtag gewesen, der ganze Spuk war endlich vorbei. Nun würde er das Leben genießen.

Was er die nächsten Monate tun würde, war klar: Nichtstun und sich unten im «Le Petit Four», seinem Lieblingsrestaurant auf dem Sunset Plaza, jeden Tag den Bauch vollschlagen, denn jetzt müsste er für eine Weile nicht mehr auf seine Linie achten. Kein Training, kein Hungern, keine nervigen Stylistinnen, die ständig an ihm herumzupften.

Ja, das «Le Petit Four» ging ihm nicht mehr aus dem Kopf. Die Forelle als Vorspeise, dazu ein Glas – nein, besser gleich zwei Gläser «Sancerre», ein wundervoller Sauvignon Blanc von der Loire-Gegend, und dann die «Moules et Frites», zusammen mit einer eiskalten Flasche Riesling aus dem Elsass. Ihm lief schon jetzt das Wasser im Mund zusammen.

Er stieß mit den Füßen von der Beckenwand ab und schwamm eine ganze Länge unter Wasser. Kurz bevor er auftauchte, sah er eine dunkle, verschwommene Gestalt, die am Pool-Rand stand. Das musste Carlos sein, der Poolboy. Er musste etwas vergessen haben. Wie immer.

Prustend tauchte Jessie auf, zog sich die Schwimmbrille vom

Kopf und wollte gerade damit beginnen, Carlos die Leviten zu lesen. Er wollte endlich seine Ruhe haben.

Jessie erstarrte vor Schreck. Am Beckenrand stand eine schwarz gekleidete Person, braungebrannt und mit strahlend weißem Lächeln, übers ganze Gesicht grinsend.

Es war John Anghrist!

«Johnny», sagte Jessie, «was um alles in der Welt machst du denn hier?»

John Anghrist fuchtelte mit einem Papier in der Hand herum und sprach mit erregter Stimme: «Jessie, ich bin so aufgeregt, dass du den Vertrag unterschrieben hast. Annabelle meinte, du hättest ohne zu zögern unterzeichnet! Wir beide haben heute Geschichte geschrieben, mehr Glamour geht nicht. Jessie, du hast die Grenzen der Realität und der Fiktion endgültig verwischt, als du vom Kreuz heruntergestiegen bist. Die ganze Welt hat es gesehen. Das war einfach unglaublich! Und nun hast du für deine neue Rolle unterzeichnet, du wirst großartig sein!»

Jessie schüttelte ungläubig den Kopf.

«Du weißt schon, Jessie, die Rolle!» John Anghrist wedelte erneut mit dem Papier in seiner Hand herum. «The Antichrist, Jessie, The Antichrist! Nächste Woche beginnst du mit den Vorbereitungen und Proben im Studio. Du wirst steinreich werden, Jessie, steinreich. It's showtime, Jessie!»

Epilog

Die drückende Hitze des Tages ist vergangen. Die Luft hat aufgehört, über den kochend heißen Straßen zu flimmern, und die weißen Wolken, die sich zu mächtigen Türmen am Horizont stauten, hat der Wind weggefegt. Das Zirpen der Grillen ist verstummt, und die Pflanzen und Blumen im Garten warten auf Regen – aber er kommt nicht, darum mache ich mich auf zum Blumengießen.

Wie jeden Abend nach einem langen heißen Sommertag stehe ich unten an der Auffahrt zum Hof vor der alten Tränke. Ich tauche die große Gießkanne in den Brunnen, schnell saugt sie sich voll mit frischem kühlem Quellwasser, und ich ziehe sie heraus, um die Blumen, Sträucher und das Gemüse mit Flüssigkeit zu versorgen.

Der Brunnen ist fast zugewachsen mit blühenden Lilien, und nur noch ein kleiner Teil der Wasseroberfläche ist zu sehen. Ein Gedanke geht mir durch den Kopf: «Seht euch die Lilien an, sie mühen sich nicht ab, und sie können weder spinnen noch weben, doch selbst König Salomo in seiner ganzen Herrlichkeit war nicht derart prächtig gekleidet wie eine von ihnen.» Dann blicke ich hinab auf den Grund des Brunnens und versuche mich zu erinnern an den Tag, an dem bei mir alles begann mit dem Glauben und der Schönheit …